Sylvia Englert

Wale und Delfine

Mit Illustrationen von
Johann Brandstetter

cbj ist der Kinder- und Jugendbuchverlag
in der Verlagsgruppe Random House

Unser herzlicher Dank gilt allen, die uns bei der Beantwortung der Fragen unterstützt haben:
Harald Behnke vom Meeresmuseum in Stralsund, Jan Herrmann, Prof. Christian Münker,
Christian Ramp von der Universität Bremen, Fabian Ritter von MEER e.V. (Erforschung & Schutz von Walen
und Delfinen), Christiane Thiere vom Delfinarium des Zoos Nürnberg und vor allem Hilla Stadtbäumer
von der Redaktion der »Sendung mit der Maus«.

Gesetzt nach den Regeln der Rechtschreibreform

1. Auflage 2009
© 2009 cbj, München
© I. Schmitt-Menzel / WDR mediagroup licensing GmbH
Die Sendung mit der Maus ® WDR
Alle Rechte vorbehalten
Lektorat: Ulrike Hauswaldt
Redaktion: Anette Reiter
Bildredaktion: Tanja Nerger, Annette Mayer
Umschlagbild und Innenillustrationen: Johann Brandstetter
Umschlagkonzeption: init. büro für gestaltung, Bielefeld
Bildnachweis für Innenfotos: Alamy Images, UK: 10 (David Fleetham);
Corbis, Düsseldorf: 18 (Roger Tidman); Gettyimages, München: 1 (Dea Picture Library),
17 (Bridgeman/French School), 27 (Minden Pictures/Michael Durham); Rolf Hicker Stock
Photography: 53 (Rolf Hicker); iStockphoto: 4 (Lloy Luecke), 28 (Greg Brzezinski), 51 (Jurga R.);
Mauritius-Bildagentur, Mittenwald: 48 (Pacific Stock); Minden Pictures, USA: 14 (Hiroya Minakuchi);
Okapia, Frankfurt: 43 (NAS/Richard Ellis); Outdoor-Archiv, Hamburg: 38 (Thomas Aichinger)
Mausillustrationen: Ina Steinmetz
AR · Herstellung: SH
Layout und Satz: Sabine Hüttenkofer, Großdingharting
Reproduktion: Wahl Media GmbH, München
Druck und Bindung: Starlite
ISBN 978-3-570-13156-5
Printed in China

www.cbj-verlag.de

Inhalt

Panoramaseite

Folienseite

Folienseite

* Alle im Text farbig hervorgehobenen Begriffe werden im Mauslexikon erklärt.

Warum lächeln Delfine immer?

Delfine können gar nicht anders. Ihr Maul ist so geformt, dass es für uns so aussieht, als würden sie lächeln. Vielleicht finden wir sie deswegen so nett und interessant. Bei uns Menschen bedeutet ein Lächeln ja, dass jemand freundlich und gut gelaunt ist.

Die gute Nachricht ist: Delfine sehen nicht nur so aus, sie sind wirklich freundlich uns Menschen gegenüber. Wie sehr, das hängt von der Delfinart ab. Denn die einzelnen Arten sehen nicht nur unterschiedlich aus, sie verhalten sich auch unterschiedlich.

Gewöhnliche Delfine, die man zum Beispiel im Mittelmeer sehen kann, sind schüchtern und vorsichtig. Und Schweinswale – kleine Delfine, die auch in der Nordsee leben – suchen meist erschrocken das Weite, wenn ein Mensch in ihre Nähe kommt. Verspielt und zutraulich sind dagegen die Fleckendelfine. Sie leben in vielen warmen Meeren.

Auch Große Tümmler scheinen uns zu mögen. Große Tümmler gibt es überall auf der Welt, außer in sehr kaltem Wasser.

Große Tümmler sind besonders zutraulich.

An vielen Orten haben diese neugierigen Delfine sich mit Menschen angefreundet und treffen sich freiwillig mit ihnen. Besonders Kinder lassen sie oft nahe an sich herankommen. Vielleicht weil Kinder harmlos aussehen, oder weil es lustiger ist, mit ihnen zu spielen.

Während Delfine immer zu lächeln scheinen, sehen Chamäleons eher schlecht gelaunt aus. Dafür können sie nichts, es liegt daran, wie ihr Maul geformt ist.

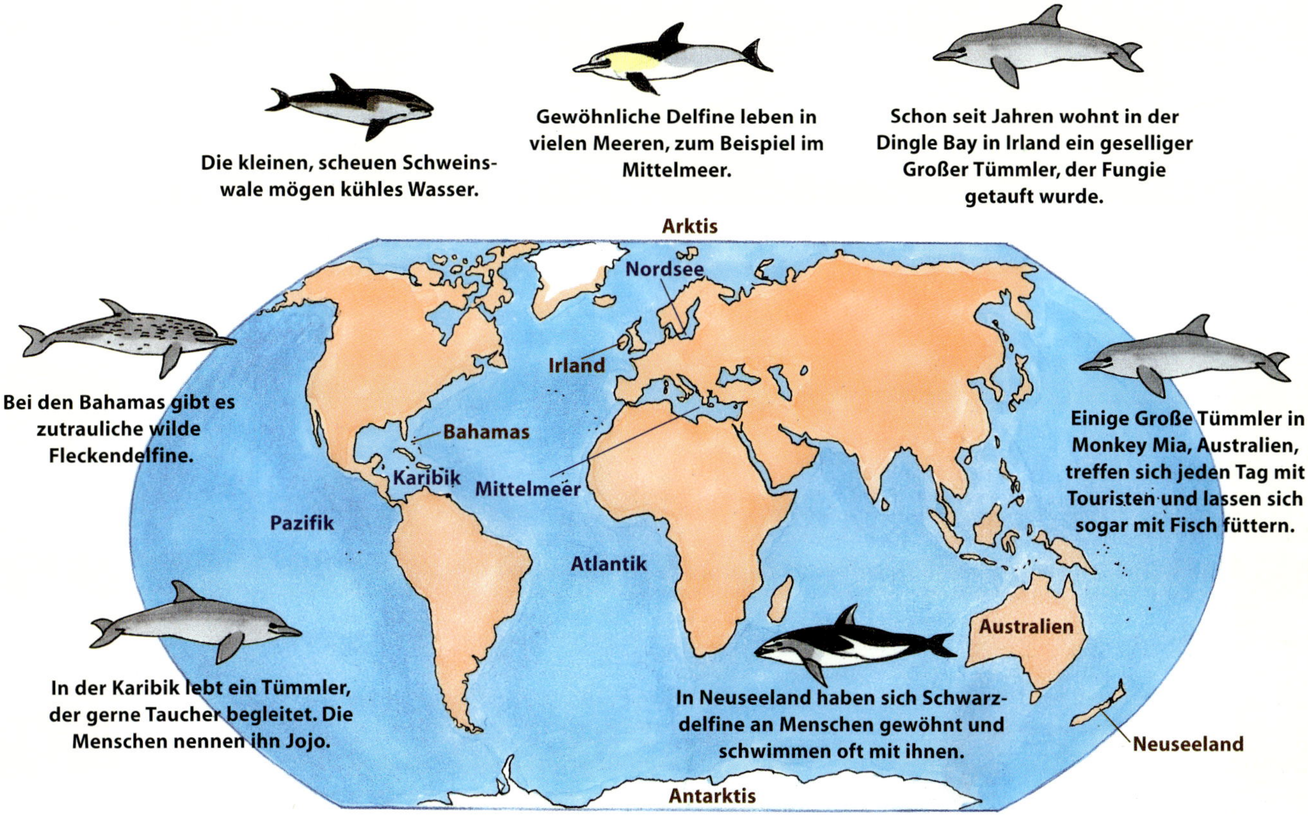

Die kleinen, scheuen Schweinswale mögen kühles Wasser.

Gewöhnliche Delfine leben in vielen Meeren, zum Beispiel im Mittelmeer.

Schon seit Jahren wohnt in der Dingle Bay in Irland ein geselliger Großer Tümmler, der Fungie getauft wurde.

Arktis

Nordsee

Irland

Bei den Bahamas gibt es zutrauliche wilde Fleckendelfine.

Bahamas

Karibik

Mittelmeer

Pazifik

Atlantik

Einige Große Tümmler in Monkey Mia, Australien, treffen sich jeden Tag mit Touristen und lassen sich sogar mit Fisch füttern.

Australien

In der Karibik lebt ein Tümmler, der gerne Taucher begleitet. Die Menschen nennen ihn Jojo.

In Neuseeland haben sich Schwarzdelfine an Menschen gewöhnt und schwimmen oft mit ihnen.

Neuseeland

Antarktis

Aber das alles heißt nicht, dass Delfine immer gute Laune haben. Manchmal möchten sie nicht spielen. Weil sie nicht wie wir eine finstere Miene aufsetzen können, merkt man das nur, wenn man sie genau beobachtet. Wenn ein Delfin von euch wegschwimmt oder quakende Laute von sich gibt, dann heißt das, dass er in Ruhe gelassen werden möchte. Auch untereinander streiten sich Delfine manchmal. Dabei beißen sie sich und versetzen sich Schläge mit der Schwanzflosse.

Warum schwimmen Wale im Meer, obwohl sie keine Fische sind?

Die Vorfahren der Wale und Delfine schwammen noch nicht im offenen Meer, sondern lebten an der Küste. Wasserscheu waren sie schon damals nicht: Sie jagten im flachen Wasser Fische, Tintenfische und andere kleine Tiere.

Im Meer konnten sie gut leben. Dort gab es jede Menge Nahrung, außerdem viel Platz und nur wenige Feinde. Denn die schwim-

menden Saurier, die vorher das Meer unsicher gemacht hatten, waren ein paar Millionen Jahre zuvor ausgestorben. Also jagten die Vorfahren der Wale immer öfter im Meer und kamen schließlich gar nicht mehr aus dem Wasser heraus. Nach und nach veränderten sich dadurch ihre Körper, denn ein Fell und vier Beine brauchten sie zum Schwimmen nicht mehr.

Vor zwanzig bis dreißig Millionen Jahren entwickelten sich die beiden Arten von Walen, die es heute gibt.

Das ist Ambulocetus natans, einer der frühen Vorfahren der Wale und Delfine. Er lebte vor rund 50 Millionen (50 000 000!) Jahren. Wahrscheinlich brachte er die meiste Zeit im Wasser zu und kam nur noch ab und zu an Land.

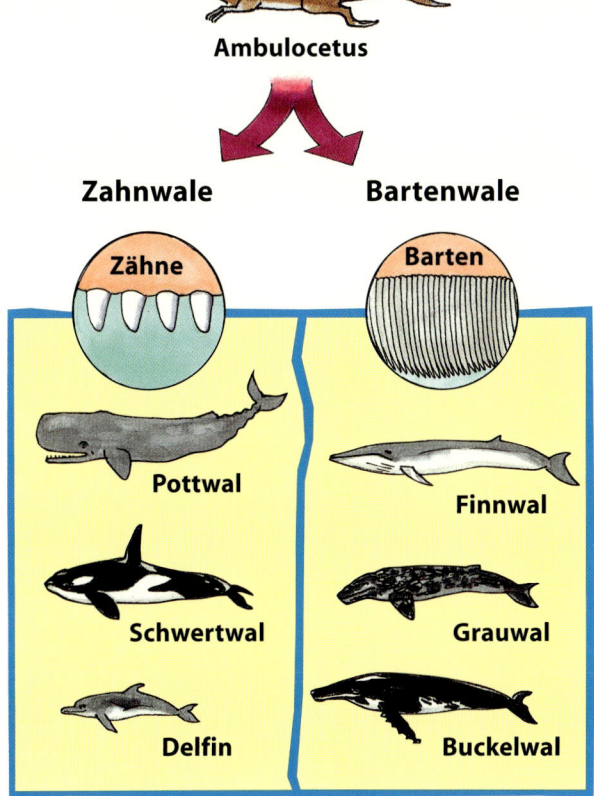

Ambulocetus

Zahnwale   **Bartenwale**

Zähne   Barten

Pottwal

Finnwal

Schwertwal

Grauwal

Delfin

Buckelwal

1. Zahnwale jagen Fische und Tintenfische. Zu den Zahnwalen zählen zum Beispiel der Pottwal, der Schwertwal, aber auch alle Delfine. Delfine sind also kleine Wale, auch wenn sie anders heißen. Klein blieben sie wahrscheinlich deshalb, weil für die Jagd ein schneller und wendiger Körper nützlicher ist als ein riesig großer.

2. Bartenwale haben keine Zähne, sondern Barten, biegsame Hornplatten, die wie ein dichter Vorhang nebeneinanderliegen. Die Vorfahren der Bartenwale begannen nämlich, winzige Tierchen zu fressen, die man mit Zähnen nicht gut festhalten kann.

Dadurch veränderte sich ihr Maul, bis es so aussah wie heute.

Wale sind wie ihre Vorfahren luftatmende Säugetiere, keine Fische. Dass heutige Wale trotzdem aussehen wie Fische, liegt daran, dass beide Tierarten im Wasser leben und sich daran angepasst haben. Es gibt aber etwas, an dem man Fische und Wale unterscheiden kann. Vergleicht mal diesen großen Fisch mit den Walen links.

Seinen Namen hat der riesige Walhai bekommen, weil er auf den ersten Blick so aussieht wie ein Wal. Er ist aber ein Hai.

Seine Schwanzflosse steht senkrecht, nicht waagerecht wie die der Wale. Fische bleiben nämlich immer unter Wasser. Sie schwimmen nach vorne, und das geht mit einer senkrechten Flosse, die die Fische seitlich hin und her bewegen, sehr gut. Wale und Delfine müssen dagegen immer wieder zum Atmen nach oben kommen, schwimmen also ständig rauf und runter. Dafür ist eine waagerechte Schwanzflosse, die auf und ab schlägt, viel praktischer.

Warum werden Wale so groß?

D ie Vorfahren der Wale lebten noch auf dem Land und waren wahrscheinlich so groß wie Hunde. Nachdem sie ins Meer gezogen waren, fingen sie an, zu wachsen und zu wachsen und zu wachsen. Dass die Wale heute so groß sind, hat also etwas damit zu tun, wo sie leben.

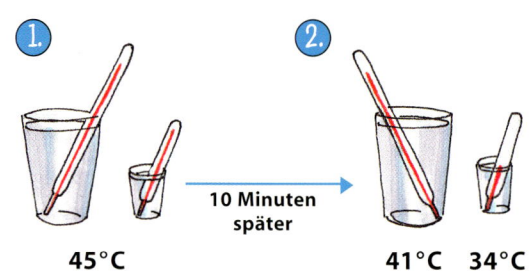

1. Erst ist die Temperatur in beiden Gefäßen gleich, 45 Grad.
2. Nach zehn Minuten ist die Temperatur im großen Becher 41 Grad, im kleinen 34 Grad.

Wale haben warme Körper wie wir. Aber sie schwimmen oft in eisigem Wasser, in dem wir es keine fünf Minuten aushalten würden. Alles, was den Walen hilft, warm zu bleiben, ist für sie also ein Riesenvorteil. Und hier kommt die Größe ins Spiel.

Großen Tieren wird nicht so schnell kalt. Das könnt ihr selbst nachprüfen. Ihr braucht dazu ein Thermometer – also ein Gerät, mit dem ihr die Wärme von Wasser messen könnt – und zwei Behälter, einen kleinen und einen großen. Füllt beide Behälter mit heißem Wasser und stellt sie auf einen Tisch. Das Wasser darin wird nach und nach kühler, aber nicht gleich schnell. Wenn ihr die Temperatur in den beiden Behältern nach ein

paar Minuten vergleicht, merkt ihr: Das Wasser im kleinen Behälter kühlt schneller ab.

Die Wärme wird über die Wasseroberfläche und über die Außenseite der Behälter abgegeben. Der große Behälter hat zwar eine doppelt so große Außenfläche wie der kleine, aber er enthält gleich viermal so viel heißes Wasser, also auch einen viel größeren Vorrat an Wärme.

Ein Wal verliert also weniger Wärme über die Haut als zum Beispiel ein Pferd. Schon allein deswegen, weil er größer ist.

Hafenschweinswal
(1,40 Meter lang).
Die kleinsten Wale der Welt leben vor der Westküste Mexikos. Es gibt nur noch einige Hundert von ihnen.

Elefant
(4 Meter lang) – größtes lebendes Landtier

Blauwal
(bis zu 34 Meter lang) – der größte Wal. Blauwale sind sehr selten.

Groß zu sein ist auch aus anderen Gründen nützlich. Wenn Wale so klein wären wie Kaninchen, würde jeder Raubfisch versuchen, sie zu fressen. Aber einen großen Wal anzugreifen, traut sich kaum ein Tier.

Nicht jedes Tier kann einfach anfangen zu wachsen und riesengroß werden. An den meisten Orten fänden Riesentiere gar nicht die Menge von Nahrung, die sie bräuchten. Doch im Meer gibt es für die Wale reichlich Krill – das sind winzige Krebse – und Schwärme kleiner Fische zu fressen. Mit ihren breiten Mäulern können Wale jede Menge Krill und Fische auf einmal fangen.

An Land bekommt ein immer weiter wachsendes Riesentier irgendwann Probleme, weil seine Beine es kaum noch tragen können. Im Meer gibt es solche Schwierigkeiten nicht. Wale schweben im Wasser, ihre Knochen müssen ihr enormes Gewicht nicht stützen.

So weit kann der Finnwal sein Maul aufreißen. Er ist das zweitgrößte Tier der Meere.

Mensch (1,80 Meter groß)

LKW (7 Meter lang)

Argentinosaurus (40 Meter lang). Dieser Dinosaurier gehört zu den größten Tieren, die je auf dem Land gelebt haben. Er ist vor vielen Millionen Jahren ausgestorben.

Sind Delfine wirklich so schlau?

Noch streiten sich Forscher darüber, wie schlau Delfine tatsächlich sind. Manche halten sie für sehr intelligent, andere sagen, sie seien in Wirklichkeit gar nicht so clever. Fest steht: Delfine haben schon bewiesen, dass sie alles andere als dumm sind.

Zahme Delfine lernen schnell und können selbst schwierige Dinge begreifen. Einer Trainerin gelang es sogar, zwei Rauzahndelfinen den Befehl »Macht irgendetwas Neues« beizubringen.

Jedes Mal wenn die Tiere diese Anweisung bekamen, taten sie etwas anderes, dachten sich zum Beispiel ungewöhnliche Sprünge oder Bewegungen aus. Es dauerte eine Weile, bis ihnen die Ideen ausgingen!

Dieselben Rauzahndelfine beeindruckten ihre Trainerin später noch einmal. Beide Tiere hatten für die tägliche Vorstellung im Delfinarium ganz unterschiedliche Übungen und Sprünge gelernt. Einmal wunderte sich die Trainerin während der Vorstellung, warum die Delfine so nervös und aufgeregt wirkten, bevor sie die Kommandos befolgten. Erst nachher stellte sie verblüfft fest, dass sie die Tiere verwechselt hatte. Beide Delfine hatten Dinge vorgeführt, die ihnen niemand beigebracht hatte und die sie nur durchs Zuschauen gelernt hatten!

Rauzahndelfine

Delfintrainer haben gemerkt, dass Rauzahndelfine besonders schlau sind. Diese Delfine leben in warmem Wasser und schwimmen am liebsten weit draußen im Ozean.

Vier Große Tümmler lernten von Forschern eine künstliche Zeichensprache, die aus Handzeichen bestand. Eines der Tiere kannte 70 Wörter und verstand Sätze aus bis zu fünf Wörtern. So etwas schafften bisher nur wenige Tierarten, zum Beispiel Menschenaffen und besonders schlaue Hunde.

Noch schwieriger ist es, sich selbst im Spiegel zu erkennen. Das können nur Delfine, Menschenaffen, wie zum Beispiel Schimpansen, Elefanten sowie die erstaunlich pfiffigen Raben und Elstern. Es gibt zwar auch sehr intelligente Hunde, aber wenn sie sich selbst im Spiegel sehen, denken sie jedes Mal: »Oh, da ist ein anderer Hund.«

Als Pottwale noch gejagt wurden, schafften sie es erstaunlich oft, den Walfangschiffen zu entkommen. Zum Beispiel merkten sie bald, dass Segelschiffe nicht gegen den Wind fahren können, weil der Wind ihnen dann entgegenbläst und sie nicht von hinten anschiebt. Deshalb begannen die Wale, gegen den Wind davonzuschwimmen.

Wie schlafen Delfine?

Stellt euch vor, ihr schwimmt im Meer und seid müde. Leider könnt ihr es euch nicht einfach auf dem Meeresboden gemütlich machen, weil ihr immer wieder zum Atmen hochmüsst. Einfach die Augen zumachen, das geht auch nicht. Schließlich könnte euch ein Hai überraschen. Genau in dieser Situation sind Delfine.

Sie haben eine erstaunliche Lösung dafür. Das Gehirn eines Delfins besteht – wie das eines Menschen – aus zwei Hälften. Während wir jedoch im Schlaf völlig »abschalten«, ruhen Delfine ihre Gehirnhälften abwechselnd aus.

Spinnerdelfine schlafen am Tag. Sie sind übrigens kein bisschen verrückt. Ihren Namen haben diese Delfine, weil sie sich beim Springen drehen. Und auf Englisch heißt drehen »to spin«.

Gehirn

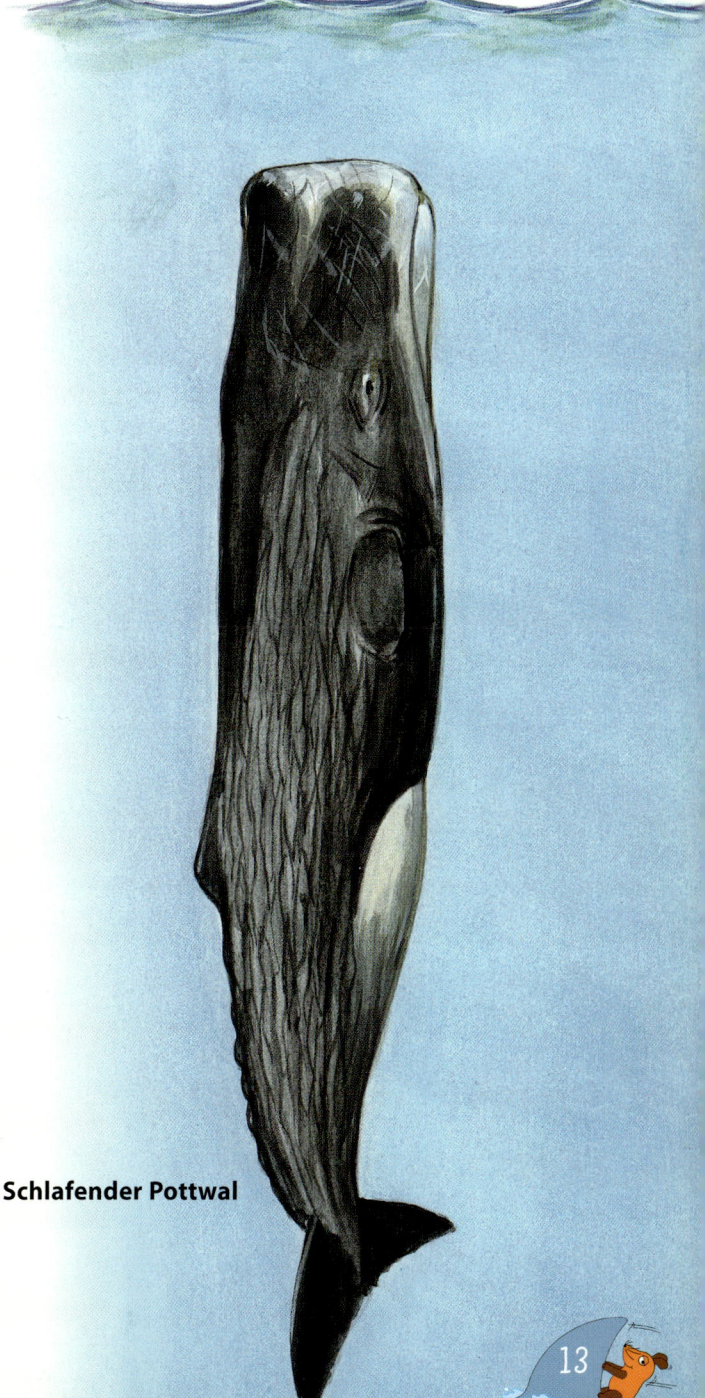

So können sie auch im Schlaf weiterschwimmen und ein Auge offen halten. Nach etwa einer halben Stunde schalten sie um, dann halten die andere Gehirnhälfte und das andere Auge Wache.

Von außen erkennt man nur mit etwas Übung, dass sie überhaupt ein Nickerchen machen. Sie ziehen dann mit einem geschlossenen Auge ruhig durchs Wasser und atmen weniger häufig als sonst.

Manche Delfine schlafen tagsüber und ziehen sich dafür in eine geschützte Bucht zurück. Abends werden sie dann richtig munter und schwimmen zur Jagd hinaus ins tiefe Wasser. Die meisten anderen Delfine halten es dagegen ähnlich wie Menschen: Sie ruhen vor allem nachts. Ob sie dabei träumen, hat leider noch niemand herausgefunden.

Große Wale lassen sich beim Schlafen an der Oberfläche treiben. Nur Pottwale halten ihr Nickerchen manchmal auch unter Wasser. Dabei hängen sie bis zu eine halbe Stunde lang senkrecht im Meer, ohne sich zu bewegen. In dieser Zeit brauchen sie nicht zu atmen, denn Pottwale können sehr lange die Luft anhalten. Auch die Augen können sie ruhig schließen, und zwar beide.

Denn selbst der größte Hai ist im Vergleich zu einem Pottwal ganz schön klein und wird es sich zweimal überlegen, ob er so einen schlafenden Riesen angreift.

Schlafender Pottwal

13

Wie alt können Wale und Delfine werden?

Von den Landtieren leben nur Schildkröten so lange wie Wale. Es gab eine Riesenschildkröte, die angeblich erst mit 255 Jahren gestorben ist.

Ein Forscher, der tote Grönlandwale untersuchte, staunte ganz schön: Mehrere der Tiere waren über hundert Jahre alt gewesen. Eines war sogar 211 geworden! Das ist fast doppelt so alt wie der älteste Mensch.

Grönlandwale werden bis zu 18 Meter lang und leben im eisigen Wasser der Arktis.

Auch die anderen großen Wale werden ziemlich alt, die meisten etwa 70 bis 90 Jahre. Delfine leben längst nicht so lange. Gewöhnliche Delfine werden in der Wildnis normalerweise nur etwa 20 Jahre alt und Große Tümmler 35 Jahre. Das wissen Forscher, weil sie bestimmte Wale und Delfine schon lange beobachten.

Weil Wale keine Falten bekommen wie Menschen, ist es nicht ganz einfach zu erkennen, ob ein Wal oder Delfin jung oder alt ist. Einen Hinweis kann euch die Größe geben. Genau wie ihr wachsen Wale und Delfine, wenn sie älter werden. Wenn ein Großer Tümmler geboren wird, ist er erst einen Meter lang, ausgewachsen ist er dreimal so groß.

Delfine bekommen im Laufe ihres Lebens immer mehr Narben von Kämpfen oder Unfällen. Ältere Tiere kann man daran erkennen, dass sie viele dieser Narben haben. Sie sehen aus wie Streifen auf der Haut.

Junge Wale und Delfine erkennt man auch daran, dass sie besonders verspielt sind. Sie vertreiben sich die Zeit zum Beispiel damit, sich gegenseitig zu jagen und andere Meerestiere zu necken. Junge Delfine erschrecken gerne Seevögel, die gerade auf dem Wasser sitzen. Dabei tauchen sie direkt unter ihnen auf und stupsen sie mit der Schnauze an.

Bei manchen Delfinarten haben junge Tiere eine andere Farbe als die ausgewachsenen. Das ist zum Beispiel bei Fleckendelfinen so. Wenn sie geboren werden, sind sie am ganzen Körper hellgrau und haben keinen einzigen Fleck. Je älter sie werden, desto stärker sind sie gepunktet.

Weißwale, die man auch Belugas nennt, sind nach ihrer Geburt erst einmal dunkel gefärbt. Später bekommen sie nach und nach ihre weiße Farbe. Sie werden 40 bis 50 Jahre alt.

Junge Fleckendelfine

Ausgewachsene Fleckendelfine

Warum hat der Narwal ein Horn?

Ein Zahnarzt hätte beim Narwal nicht viel zu tun. Dieser seltsame Wal hat nämlich nur zwei Zähne. Der linke davon fängt bei jungen Männchen an zu wachsen und wächst immer weiter. Bis er bei einem ausgewachsenen Narwal knapp drei Meter lang ist. Ganz schön lästig, so ein Zahn, oder? Vor allem wenn er einem wie eine Lanze aus dem Gesicht wächst.

Aber in Wirklichkeit ist der Zahn dem Wal sehr wohl nützlich.

Mit dem Zahn als Waffe können sich die Narwale gegen Feinde wehren. Aber die Männchen kämpfen auch gegeneinander, um Weibchen zu erobern. Das weiß man, weil man schon Narwale gefunden hat, die Verletzungen von Zähnen anderer Narwale hatten.

Narwale gibt es nur in der Arktis. Sie leben in Gruppen von zehn bis dreißig Tieren zusammen.

Europa brachten. Sie behaupteten einfach, es seien Hörner von Einhörnern. Deswegen waren diese Zähne damals noch wertvoller als ihr Gewicht in Gold. Nur Könige und hohe Kirchenfürsten konnten sie sich leisten. Erst im Jahr 1638 flog der Schwindel auf, als ein Forscher herausfand, woher die »Hörner« wirklich stammten.

Vor wenigen Jahren haben Forscher herausgefunden, dass der Zahn noch einen anderen Zweck hat: Er ist auch ein Sinnesorgan. Aber was genau der Wal damit spüren kann, ist noch nicht erforscht. Vielleicht stellt ein Narwal mit Hilfe seines Zahns fest, wie tief er schwimmt, wie kalt oder warm das Wasser ist und wie viel Salz es enthält.

Möglicherweise benutzt er den Zahn auch, um herauszufinden, ob sich das Wetter verändert. Narwale halten den Zahn nämlich oft senkrecht in die Luft. Wenn sie dabei merken, dass es wärmer wird, dann wissen sie, dass sie vielleicht bald weiter nach Norden schwimmen können. Denn bei wärmerem Wetter bricht die dicke Eisschicht über dem arktischen Meer auf.

Früher im Mittelalter wussten noch nicht viele Menschen, dass es Narwale gibt. Das nutzten Händler aus, die Narwal-Zähne nach

Im Mittelalter glaubten viele Menschen, dass es Fabeltiere wie Einhörner und Drachen wirklich gibt. Das »Horn« war für sie ein Beweis dafür.

Die meisten großen Wale freuen sich nicht
nur über Krill, sondern auch über ein Maul
voll kleiner Fische.

Hier treiben ein paar
Buckelwale ⬤3 gerade
einen Schwarm Fische
zusammen, indem sie um
ihn herumschwimmen und
dabei Luftblasen ausstoßen.

Kleine Fische
trauen sich
nicht durch diesen
Vorhang aus Luft hindurch.
Die Wale brauchen nur noch mit
offenem Maul durch den gefangenen
Schwarm zu schwimmen und es sich
schmecken zu lassen.

Was fressen Wale und Delfine?

Ganz schön seltsam: Die riesigen Bartenwale ernähren sich von winzig kleinen Tieren. Natürlich fressen sie von denen nicht nur ein oder zwei, sondern gleich ein paar Tausend mit jedem Maulvoll.

Es sind vor allem winzige krabbenartige Tiere namens **Krill,** die den Walen als Futter dienen. So sehen sie aus:

Am meisten Krill gibt es im Sommer, in sehr kaltem Wasser. Deshalb futtern die Bartenwale sich im Sommer eine dicke Fettschicht an und fressen den Rest des Jahres fast nichts.

Wenn ihr schon mal am Meer wart und versucht habt, mit den Händen kleine Krabben zu fangen, dann wisst ihr, dass das gar nicht so einfach ist. Sie flutschen einem ständig zwischen den Fingern hindurch und lassen sich nur schwer greifen. Um mehrere auf einmal zu erwischen, braucht ihr ein Netz oder ein Sieb. Das zieht ihr durchs Wasser und schaut dann, was ihr gefangen habt.

Bartenwale machen es ähnlich, wenn sie Krill fangen. Sie benutzen ihre Barten – die langen Hornplatten, die an der Oberseite des Mauls hängen – wie ein Sieb. Das funktioniert so:

1 Wenn ein Finnwal einen Schwarm Krill gefunden hat, schwimmt er auf ihn zu und macht das Maul auf. Jetzt strömt dem Wal eine Menge Wasser mit ein bisschen Krill darin ins Maul.

2 Damit all dieses Wasser in sein Maul hineinpasst, dehnt sich die Unterseite des Mauls aus wie ein Ballon.

3 Das Wasser möchte der Wal natürlich nicht herunterschlucken. Deshalb drückt er es an den Seiten seines Mauls wieder heraus. Der Krill bleibt in den Barten hängen.

Hier seht ihr verschiedene Wale und Delfine, die sich im Pazifischen Ozean vor Kalifornien tummeln. Kalifornien liegt ganz im Westen von Amerika.

Schwertwale, die man auch Orcas nennt ➊, fressen am liebsten Robben und See- löwen. Still und leise nähern sie sich ihrer Beute, um sie zu überraschen. Doch die Kali- fornischen Seelöwen ➋ haben gemerkt, wer da kommt, und sind hoch auf die Felsen geflüchtet.

Schwertwale leben in kleinen Familien- gruppen, die von einem älteren Weibchen angeführt werden. Ihren Namen verdanken diese Wale der langen, geraden Rückenflosse der Männchen. Sie kann so groß werden wie ein erwachsener Mensch. Die Weibchen haben kleinere, stärker gebogene Rücken- flossen.

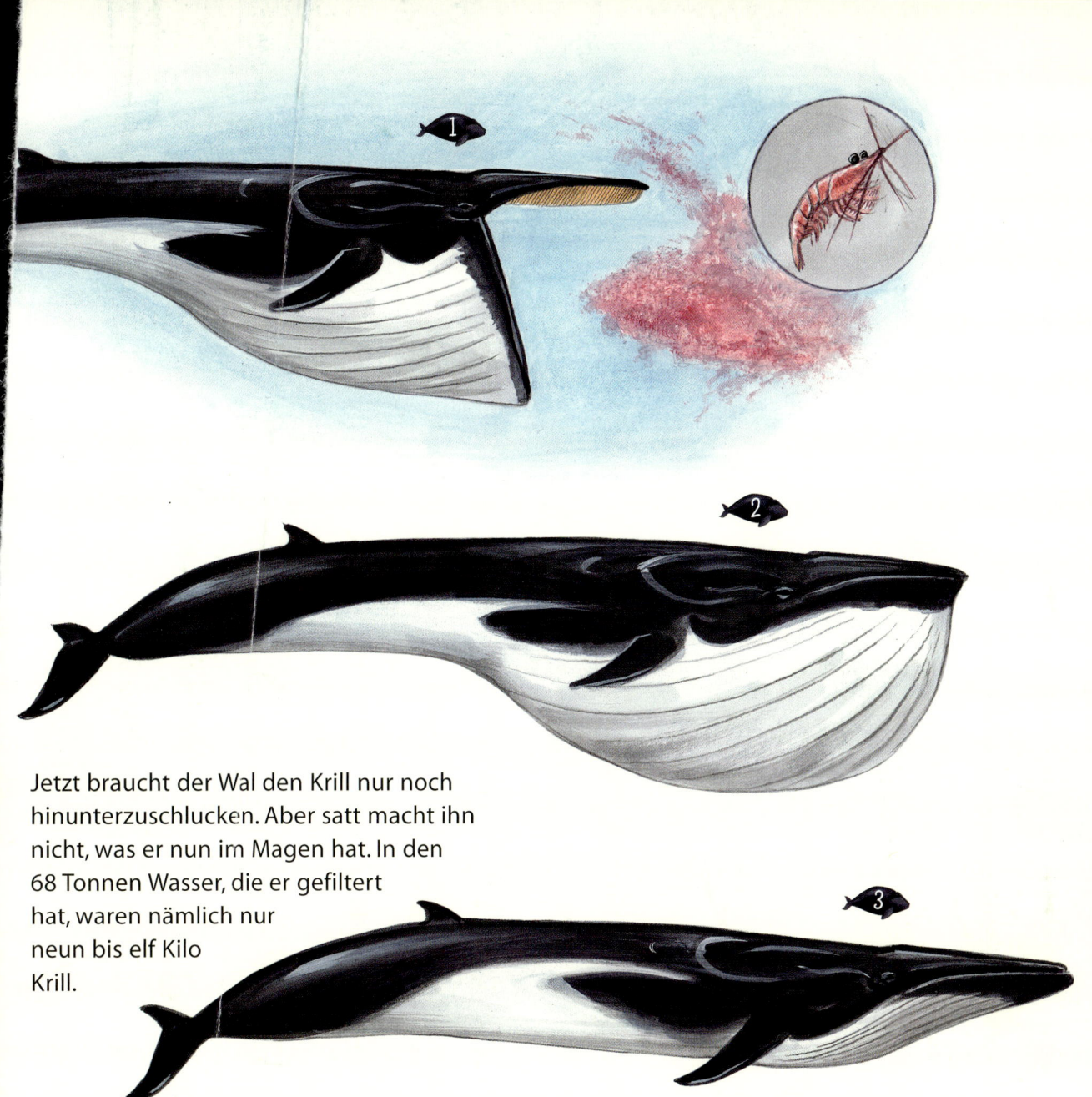

Jetzt braucht der Wal den Krill nur noch
hinunterzuschlucken. Aber satt macht ihn
nicht, was er nun im Magen hat. In den
68 Tonnen Wasser, die er gefiltert
hat, waren nämlich nur
neun bis elf Kilo
Krill.

Das ist so, als müsstet ihr eine Badewanne
voll Wasser durchsieben, um an eine kleine
Erdnuss heranzukommen. Deswegen reißt
der Wal sein Maul gleich wieder auf und
fängt noch mal von vorne an.

Wenn ihr wissen wollt, was andere Wale und
Delfine gerne fressen, dann blättert um!

Einige Arten von Walen und Delfinen fressen nicht so gern Fische, ihnen schmecken Tintenfische besser. Weil Tintenfische nahe am Meeresboden leben, suchen Rundkopfdelfine **6** unten in der Tiefe nach Futter.

Junge Grauwale sind so neugierig, dass sie manchmal an Schlauchboote heranschwimmen und sogar zulassen, dass die Menschen sie streicheln. Die Walmütter haben meistens nichts dagegen einzuwenden.

Die hellen Streifen auf der Haut der Rundkopfdelfine sind übrigens Narben. Wahrscheinlich stammen sie von Kämpfen mit anderen Delfinen oder mit großen Tintenfischen, die nicht gefressen werden wollten.

Auch Grauwale **7** suchen ihr Futter am Meeresboden. Indem sie den Schlamm mit dem Kopf durchwühlen, stöbern sie Fische und Krebse auf.

Müssen Wale pupsen?

Ja! Das haben Forscher vor Kurzem durch Zufall entdeckt. Sie beobachteten gerade einen Zwergwal in der Nähe des Südpols. Als der Wal im Meer sein großes Geschäft machte, kam aus seinem Hinterteil auch eine riesige Luftblase. Plötzlich stank es so sehr, dass die Forscher schnell auf die andere Seite des Schiffs flüchteten!

Unten seht ihr den Zwergwal, der gerade gepupst hat. Wo die Pupser-Blase an die Oberfläche gekommen ist, hat sich ein Wellenring gebildet. Diesen Wellenring könnt ihr auf dem Wasser noch erkennen. Der rosafarbene Schleier hinter dem Wal ist sein Kot. Bei Walen und Delfinen ist er nämlich nicht fest wie zum Beispiel bei Hunden, sondern flüssig. Er verteilt sich sofort im Wasser und sieht dadurch aus wie ein wolkiger Schleier. Schon nach wenigen Sekunden hat er sich aufgelöst.

So ein Fischschwarm ist auch für Delfine ein Festessen. Alle Großen Tümmler 4 und Pazifischen Weißseitendelfine 5 in der Gegend sind hergekommen.

Sie streiten aber nicht um das Futter, sondern arbeiten zusammen, damit die Fische nicht entkommen können. Jeder Delfin wartet, bis er mit dem Fressen an der Reihe ist. Dann schwimmt er durch den Schwarm hindurch und schnappt sich dabei einen Fisch.

Mit seinen kleinen spitzen Zähnen hält er ihn fest und schluckt ihn hinunter, ohne zu kauen.

Selbst wenn die Delfine mit Fressen beschäftigt sind, halten sie ständig Ausschau, damit sie rechtzeitig merken, ob Schwertwale in der Nähe sind. Denn Schwertwale erbeuten auch Delfine und Wale.

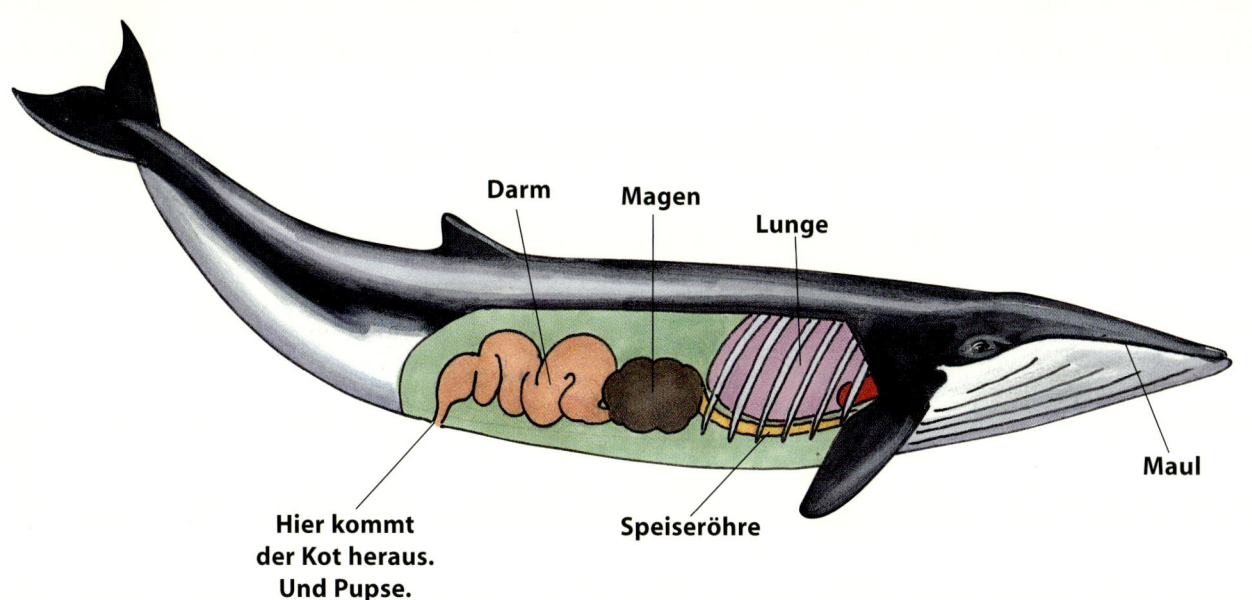

Darm

Magen

Lunge

Maul

**Hier kommt
der Kot heraus.
Und Pupse.**

Speiseröhre

Ein Geräusch macht ein Wal-Pupser natürlich auch. Wenn ihr schon mal in der Badewanne gepupst habt, wisst ihr, dass man dann ein Blubbern hört. Je größer die Pups-Blase, desto lauter natürlich auch das »Blubb«. Wenn ein Wal pupst, dann ist die Luftblase richtig, richtig groß. Also ist auch der Pups laut!

Dass Menschen und Tiere überhaupt pupsen müssen, liegt an der Art, wie das Essen durch ihren Körper hindurchgeht und von ihm verdaut wird.

Wenn ein Wal Krill frisst, dann wird der im Magen zu einem dicken Brei verarbeitet. Im Darm werden aus diesem Brei alle wichtigen Stoffe, die der Wal zum Leben braucht, herausgezogen. Das Ganze nennt man Verdauung. Dabei entstehen auch Gase, also sehr leichte, schwebende Stoffe, ähnlich wie Luft.

Anders als Luft haben die Gase, die im Darm entstehen, oft einen starken Geruch. Den riechen wir, wenn der Pupser aus dem Hinterteil herauskommt.

Zwergwale werden etwa acht Meter lang und leben in fast allen Meeren. Nur ganz warmes Wasser mögen sie nicht. Sie können schneller schwimmen als die meisten anderen Bartenwale und erreichen bis zu 35 Stundenkilometer. Wenn es im Meer Tempo-30-Zonen gäbe, würden Zwergwale, die es eilig haben, öfter mal Ärger bekommen!

Woher wissen Delfine im Dunkeln, wo sie hinschwimmen?

Die meisten Delfine haben gute Augen. Aber das nützt ihnen oft nicht viel. Denn im Meer wird es immer dunkler, je tiefer man schwimmt. Außerdem ist das Wasser oft trübe, sodass man nicht weit blicken kann. Deshalb haben Delfine einen Weg gefunden, wie sie sich mit Hilfe von Tönen zurechtfinden können. Das funktioniert auch, wenn es stockfinster ist.

Dieser spezielle Sinn wird Echo-Ortung genannt. »Orten« heißt so viel wie herausfinden, wo etwas ist.

Alle Zahnwale haben diesen Sinn, aber am besten entwickelt ist er bei den Flussdelfinen. Weil das Wasser von Flüssen meistens sehr schlammig ist, könnten sie sich mit den Augen sowieso nicht zurechtfinden.

1. Hinter der Stirn des Delfins sitzt die Melone. Über dieses runde Organ, das aus Fett besteht, kann der Delfin spezielle Laute, die er im Inneren seines Kopfes macht, aussenden. Hören würde man diese Laute als ein schnelles »Klick-klick-klick«. Sie breiten sich als Schallwellen (im Bild schwarz) im Meer aus.

2. Wenn diese Schallwellen auf etwas treffen, zum Beispiel auf einen Fisch, dann kommt ein Echo (im Bild weiß) zurück.

3. Dieses Echo kann der Delfin hören – mit dem Kinn. Dort hat er einen mit Öl gefüllten Knochen, der Töne zum Gehör im Inneren des Kopfes weiterleiten kann. Aus der Art, wie das Echo klingt, weiß der Delfin, was für einen Fisch er vor sich hat und wie weit er entfernt ist.

Mit der Echo-Ortung können Delfine sogar feststellen, wie ein Fisch von innen aussieht. Deswegen würde es ihnen nicht passieren, dass sie versehentlich einen im Meer treibenden Spielzeugfisch aus Plastik mit einem echten Fisch verwechseln.

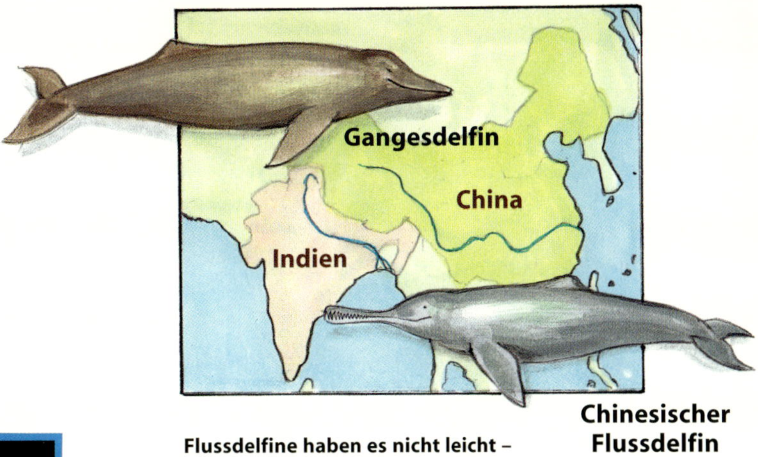

Gangesdelfin

China

Indien

Chinesischer Flussdelfin

Flussdelfine haben es nicht leicht – sie verfangen sich in Fischernetzen, werden von Motorbooten verletzt und leiden darunter, dass Menschen die Flüsse verschmutzen. Der Chinesische Flussdelfin ist aus diesen Gründen wahrscheinlich schon ausgestorben.

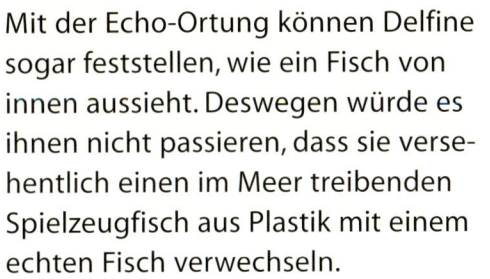

Fledermäuse leben in dunklen Höhlen und gehen nachts auf die Jagd. Deshalb benutzen auch sie Echos, um sich zurechtzufinden.

Amazonasdelfine gibt es in Südamerika. Sie stoßen ständig Klicklaute aus, um herauszufinden, ob Beutefische in der Nähe sind.

Warum haben Wale ihre Nasenlöcher oben auf dem Kopf?

Wenn ihr nah an die Atemfontäne eines Wals herankommt, dann merkt ihr, dass es auf einmal ganz schön nach Fisch riecht. Wale haben zwar keinen Mundgeruch, aber dafür Nasengeruch!

Ein Buckelwal atmet aus: Wir sehen die ausgeatmete Luft als Nebelschleier, weil darin viele winzige Wassertröpfchen sind.

Auf dem Meer kann man schon von Weitem erkennen, wo ein Wal auftaucht. Mit einem lauten »Pfuh!« atmet er aus. Dabei schießt die Luft in einer hohen Fontäne aus seinem Kopf. Um zu beantworten, wieso seine Nasenlöcher so weit oben sitzen, müssen wir einen Blick in die Vergangenheit werfen.

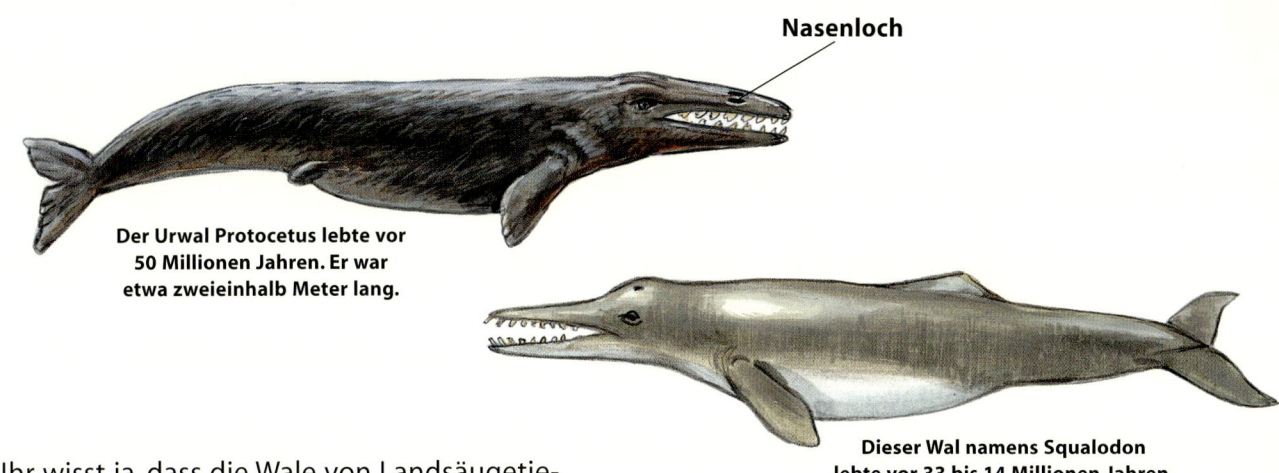

Nasenloch

Der Urwal Protocetus lebte vor
50 Millionen Jahren. Er war
etwa zweieinhalb Meter lang.

Dieser Wal namens Squalodon
lebte vor 33 bis 14 Millionen Jahren.
Sein Name bedeutet übersetzt »Haizahn«. So hat
man ihn genannt, weil seine vielen Zähne an den
Rändern gezackt sind wie die von Haien.

Ihr wisst ja, dass die Wale von Landsäugetieren abstammen. Die Wale der Urzeit hatten ihre Nasenlöcher noch an der Vorderseite des Kopfes, wie ihre Vorfahren.

Doch für ein Leben im Meer war das nicht sehr praktisch. Warum, das könnt ihr selbst ausprobieren, wenn ihr am Wasser seid.

Setzt eine Taucherbrille auf und geht so schwimmen. Wenn ihr jetzt den Kopf ins Wasser taucht, könnt ihr sehen, was unter Wasser um euch herum passiert. Doch alle paar Sekunden müsst ihr den Kopf aus dem Wasser heben, damit ihr Atem holen könnt. Ganz schön anstrengend! Viel praktischer ist es, einen Schnorchel zu benutzen. Das ist ein gebogenes Rohr, das über die Wasseroberfläche reicht. Durch den Schnorchel könnt ihr atmen, ohne dass ihr den Kopf heben müsst.

Die urzeitlichen Wale konnten natürlich keine Schnorchel benutzen. Aber im Laufe von Millionen von Jahren veränderte sich die Lage ihrer Nasenlöcher. Sie wanderten immer weiter nach oben, bis sie schließlich oben auf dem Kopf waren, so wie beim Squalodon, der schon fast wie ein heutiger Delfin aussieht.

Und seither können Wale ganz bequem ein- und ausatmen, ohne dafür den Kopf aus dem Wasser heben zu müssen. Ihre Nasen nennt man übrigens Blaslöcher, und der Atemstrahl heißt Blas. Bartenwale haben zwei Blaslöcher, Zahnwale nur eins.

Warum können Pottwale so lange tauchen?

Versucht mal, die Luft anzuhalten. Schaut dabei gleichzeitig auf die Uhr. Wahrscheinlich schafft ihr etwa dreißig Sekunden. Ein Pottwal dagegen kommt ohne Mühe eineinhalb Stunden lang ohne Luft aus, wenn er in der Tiefe nach Tintenfischen jagt. Es hat mehrere Gründe, warum er das kann.

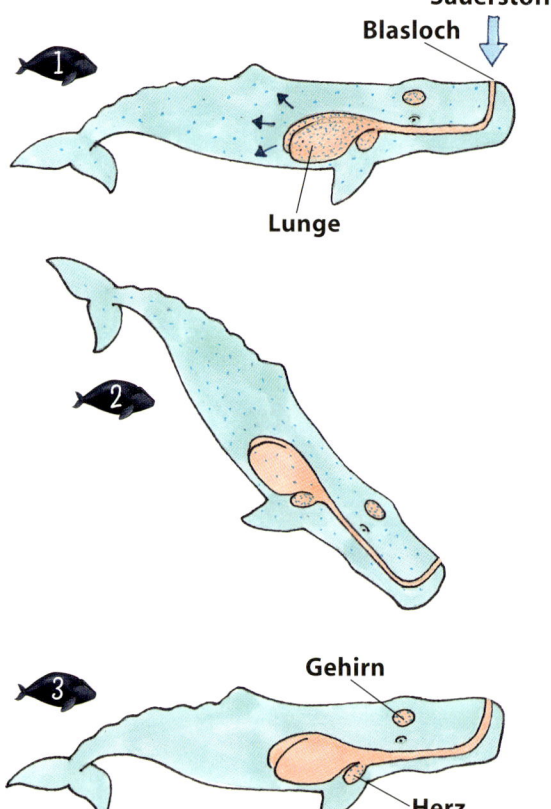

Sauerstoff
Blasloch
Lunge

Gehirn
Herz

1. Ein Pottwal kann bei jedem Atemzug sehr viel Frischluft aufnehmen. Er tauscht jedes Mal fast die ganze Luft in seinen Lungen aus. So gewinnt er schnell einen großen Vorrat an Sauerstoff, dem Gas, das alle Tiere zum Leben brauchen. Der Sauerstoff strömt in die Lunge und verteilt sich von dort aus im ganzen Körper.

2. Nachdem der Wal ein paarmal aus- und eingeatmet hat, lässt er sich in die Tiefe gleiten. Seinen Sauerstoffvorrat nimmt er mit – aber nicht nur in seiner eher kleinen Lunge. Er speichert den Sauerstoff vor allem in seinen riesigen Muskeln und in seinem Blut. Zu diesem Zweck besitzen Wale sehr viele rote Blutkörperchen. Das sind die Teilchen im Blut, die den Sauerstoff überall hinbringen. Tiere, die an Land leben, haben längst nicht so viele davon wie Wale.

3. Immer tiefer taucht der Wal. Im Gegensatz zu Landtieren kann er seinen Körper dabei auf »Sparflamme« setzen, damit er nicht so viel Sauerstoff verbraucht. Sein Herzschlag wird langsamer. Nur noch die unentbehrlichen Körperteile wie Herz und Gehirn werden mit Sauerstoff gut versorgt.

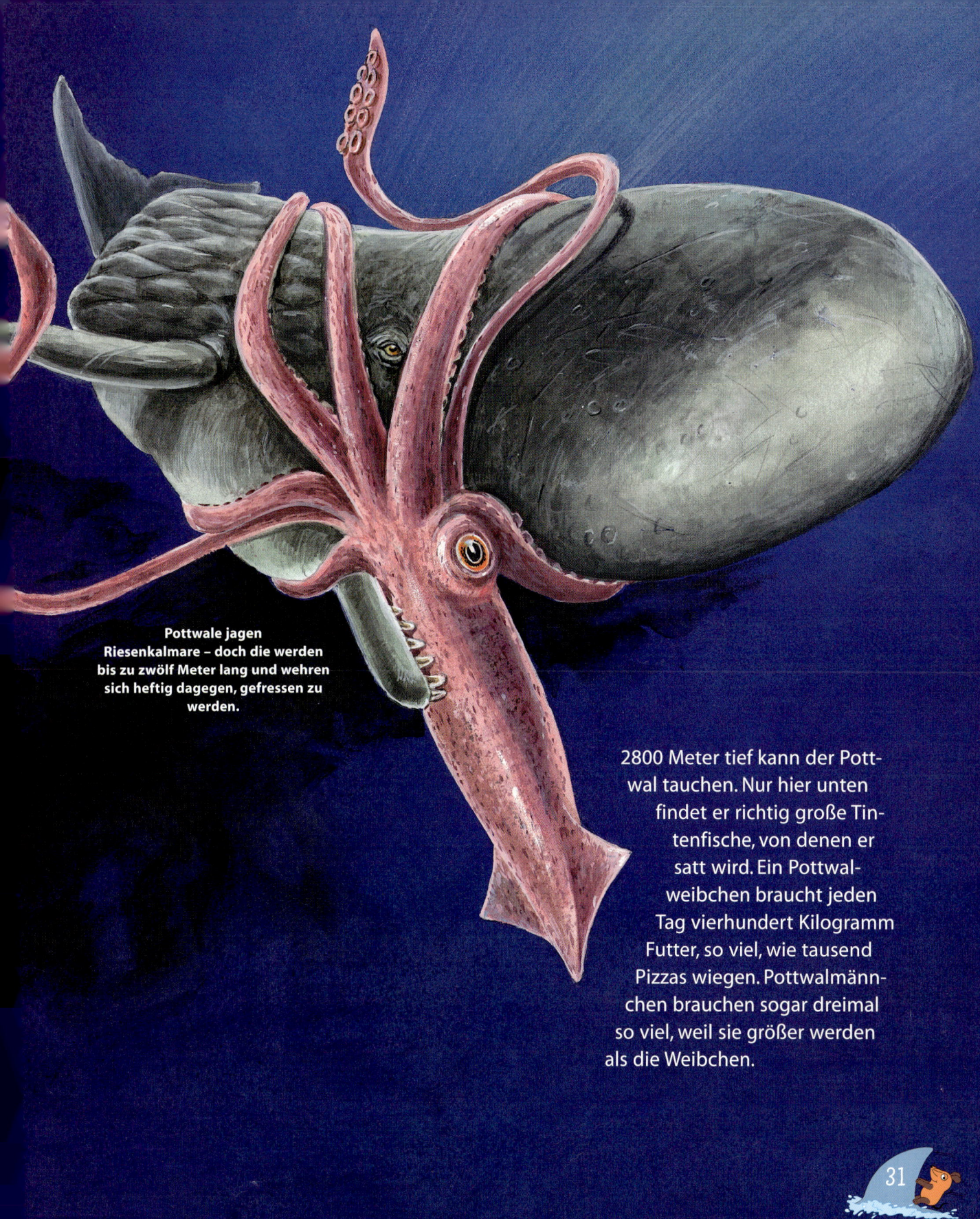

Pottwale jagen Riesenkalmare – doch die werden bis zu zwölf Meter lang und wehren sich heftig dagegen, gefressen zu werden.

2800 Meter tief kann der Pottwal tauchen. Nur hier unten findet er richtig große Tintenfische, von denen er satt wird. Ein Pottwalweibchen braucht jeden Tag vierhundert Kilogramm Futter, so viel, wie tausend Pizzas wiegen. Pottwalmännchen brauchen sogar dreimal so viel, weil sie größer werden als die Weibchen.

Wie trinkt ein Walkalb?

Wenn ein Kälbchen Hunger hat, läuft es zu seiner Mutter, der Kuh, und saugt bei ihr. Auch kleine Wale und Delfine – die man ebenfalls Kälber nennt – brauchen Milch.

Aber sie können nicht saugen. Das geht nur mit Lippen und die haben sie nicht. Deswegen funktioniert das Trinken bei ihnen etwas anders.

Wenn es Hunger hat, schwimmt das Walkalb zu den beiden kleinen Zitzen, die am Bauch der Mutter in der Nähe der Schwanzflosse sind.

Zitzen der Walkuh

Zitzen nennt man die Körperteile, aus denen Milch herauskommt. Bei Walen und Delfinen sieht man sie von außen nur als zwei kleine Schlitze, weil sie in Hautfalten verborgen sind.

1. Nach zwölf Monaten im Bauch der Mutter wird der kleine Finnwal geboren. Dabei kommt als Erstes sein Schwanz zum Vorschein. Die Flossen stören nicht bei der Geburt, denn sie sind noch weich und eingerollt. Danach falten sie sich auseinander und werden fest.

Wenn das Kalb mit der Schnauze dagegenstupst, kommen sie aus den Hautfalten hervor. Das Kalb braucht die Zitze nur noch ins Maul zu nehmen, schon kann es trinken – auch ohne zu saugen. Wahrscheinlich macht es dem kleinen Wal nichts aus, wenn er dabei ein bisschen Salzwasser schluckt. Die Milch von Walen und Delfinen besteht zur Hälfte aus Fett. Vielleicht wisst ihr schon, dass man von Fett zunimmt.

Ein kleiner Finnwal, der sich von dieser Milch ernährt, wird jeden Tag um etwa 70 Kilo schwerer. Das ist so viel, wie drei Erstklässler wiegen! Aber ein kleiner Finnwal ist schließlich schon bei der Geburt so lang wie ein Elefant.

Weil bei der Geburt eines Wals auch etwas Blut ins Wasser kommt, werden manchmal Haie angelockt. Aber die ausgewachsenen Wale vertreiben sie schnell. Meistens ist die Walmutter nämlich nicht allein im Meer unterwegs, sondern zusammen mit anderen Walen.

Retten Delfine wirklich Schiffbrüchige?

Die Delfine in Fernsehfilmen und Büchern scheinen ständig Leute zu retten. Im wirklichen Leben kommt so etwas viel seltener vor. Aber es stimmt tatsächlich, dass wilde Delfine Menschen helfen.

Um herauszufinden, warum sie so etwas tun, müssen wir uns erst mal anschauen, wie Delfine miteinander umgehen. Sie leben in kleinen Gruppen und unterstützen sich gegenseitig. Wenn ein Tier aus der Gruppe krank ist und nicht mehr so gut schwimmen kann, halten die anderen Delfine es an der Oberfläche, damit es atmen kann und nicht ertrinkt.

Zwei Delfine haben einen kranken Artgenossen in die Mitte genommen und stützen ihn.

Delfine beschützen einander auch vor ihren Feinden, den Haien. Dazu bilden sie einen Kreis um die schwächeren Tiere der Gruppe, drohen dem Hai und greifen ihn vielleicht sogar an, indem sie ihn mit der Schnauze rammen. Delfine sind es also gewohnt, anderen zu helfen.

Wenn sie nun zufällig an einem Menschen in Not vorbeikommen, dann begreifen sie anscheinend, dass er Hilfe braucht. Und manchmal tun sie etwas ganz Ähnliches wie bei den anderen Tieren aus ihrer Gruppe: Sie halten den Menschen über Wasser oder schützen ihn vor Haien.

Früher vermuteten die Forscher, dass Delfine Menschen mit anderen Delfinen verwechseln und ihnen deswegen helfen. Doch inzwischen weiß man, dass das nicht stimmen kann. Denn Delfine haben gute Augen und können mit ihrer Echo-Ortung in das Innere von Körpern hineinsehen.

Delfine erkennen, dass wir ihnen ähnlich sind. Genau wie sie sind wir Säugetiere und atmen Luft. Vielleicht sind sie deswegen so hilfsbereit uns gegenüber. Großen Fischen helfen Delfine jedenfalls nicht.

Lunge

Junger Delfin

Kiemen

Thunfisch

In einem Delfinarium tat
ein Trainer einmal absicht-
lich so, als sei er in Not.
Er zog ein Tauchgerät an
und ließ sich im Becken auf
den Boden sinken, als sei er
ohnmächtig geworden.
Beunruhigt schauten die
Delfine nach, was los war,
und versuchten tatsächlich,
dem Trainer zu helfen.

**Vor allem Große Tümmler sind uns
gegenüber hilfsbereit. Sie haben keine
Angst vor Menschen.**

Können Delfine helfen,
Krankheiten zu heilen?

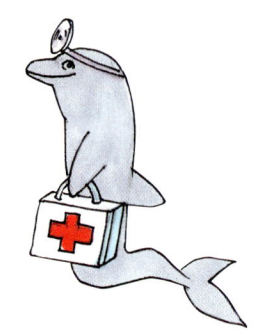

inen Schnupfen könnten Delfine nicht heilen. Im Gegenteil, sie würden sich bei euch anstecken. Aber sehr, sehr kranken Menschen scheint es zu helfen, wenn sie Delfinen begegnen.

Um mehr darüber herauszufinden, haben wir uns angeschaut, wie die sieben Jahre alte Kathrin von dem Delfinweibchen Spunky »behandelt« wird.

Bei Kathrins Geburt hat sich die Nabelschnur um ihren Hals gelegt und sie bekam eine Weile keine Luft. Das hat ihrem Gehirn sehr geschadet. Deshalb kann sie nicht sprechen und sich fast nicht bewegen. Keiner hat es bisher geschafft, ihr zu helfen. Nun sind Kathrins Eltern auf die Idee gekommen, dass eine Delfintherapie in Florida Kathrin vielleicht gut tun würde.

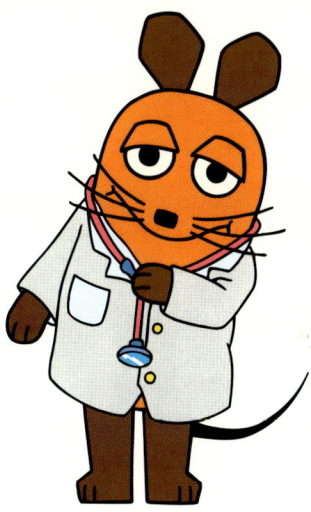

Therapie heißt so viel wie Behandlung. In Florida (USA) hat man 1978 damit angefangen, sehr kranke Kinder mit zahmen Delfinen zusammenzubringen. Diese Delfine sind natürlich keine Ärzte und sie verstehen auch nichts von Krankheiten. Aber sie können den Kindern trotzdem helfen.

Spunky, ein älteres Weibchen, wird dafür ausgewählt, Kathrin zu helfen. Damit Spunky und Kathrin sich kennenlernen können, setzen sich zwei Helferinnen mit Kathrin auf eine Plattform ans Wasser. Spunky tut alles, um Kathrin auf sich aufmerksam zu machen: Sie schubst sanft ihre Füße an, springt und wedelt mit der Flosse. Aber Kathrin schaut sie nicht mal an.

Beim nächsten Mal zieht Spunky Kathrin und eine Helferin an der Rückenflosse durchs Meer und versucht immer wieder geduldig, mit ihr zu spielen. Schon bald

interessiert sich Kathrin für ihre neue Freundin. Sie strengt sich an, damit sie die Hand auf Spunkys glatte Haut legen kann. Und sie lacht laut, als Spunky ihr als Belohnung für eine Übung einen feuchten Kuss gibt. Ihre Eltern sind glücklich. Es ist das allererste Mal, dass Kathrin lacht!

Natürlich konnte auch der Delfin Kathrin nicht das Laufen und Sprechen beibringen. Aber nach zwei Wochen Therapie ist Kathrin viel fröhlicher geworden und hat gelernt, sich besser zu bewegen. Sehr zufrieden über Kathrins Fortschritte fliegt die Familie wieder nach Hause.

Es hilft kranken Kindern auch, wenn sie mit Hunden oder Pferden spielen und üben. Doch Forscher haben festgestellt, dass Delfine mehr Erfolg beim Heilen haben als andere Tiere. Warum das so ist, hat man noch nicht herausgefunden.

Können Wale frieren?

Ihr habt bestimmt schon gemerkt, dass ihr im Schwimmbad nach einer Weile anfangt zu frieren. Das liegt daran, dass euer Körper Wärme an das kühlere Wasser abgegeben hat. Für euch ist das kein Problem – ihr klettert einfach raus aus dem Wasser. Wale und Delfine können das nicht und sie müssen es auch nicht. Ihr wisst ja schon, dass ihre Größe ihnen hilft, warm zu bleiben. Außerdem haben sie ein dickes Fettpolster unter der Haut, das sie vor dem Frieren bewahrt.

Taucher ziehen sich dicke Anzüge aus einer Art Gummi an, damit ihnen im Wasser nicht so schnell kalt wird. So ein Anzug wirkt ähnlich wie die Speckschicht eines Wals.

Diese Schicht, die zwischen dem kalten Wasser und dem warmen Inneren des Körpers liegt, nennt man Blubber. Er wirkt ähnlich wie bei euch eine dicke Jacke, wenn ihr im Winter rausgeht. Auch wenn es kalt ist, hält die Jacke euch warm.

Wal- und Delfinarten, die immer in kaltem Wasser leben, haben eine sehr dicke Speckschicht. Der Narwal und der Grönlandwal zum Beispiel frieren garantiert nicht. Anders ist es bei Walen und Delfinen, die normalerweise nur in warmem Wasser leben, wie dem Melonenkopf-Delfin. Er hat eine viel dünnere Speckschicht und würde sich in eiskaltem Wasser ganz sicher nicht wohlfühlen.

Blubber

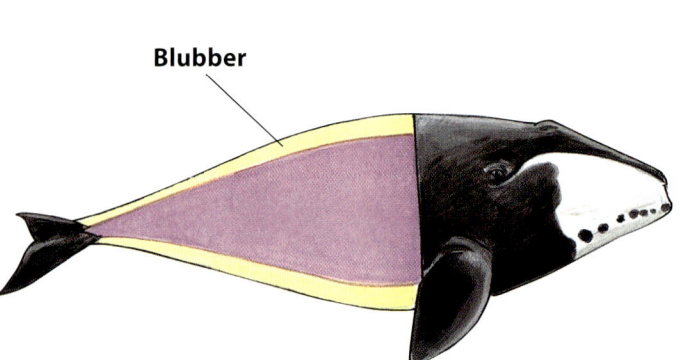

50–80 Zentimeter dick kann der Blubber eines Grönlandwals werden. Das ist etwa so viel, wie der Arm eines Erwachsenen lang ist.

Melonenkopf-Delfin

Viele große Wale aber müssen zwischen warmem und kaltem Wasser hin- und herwandern. Das liegt daran, dass sie nur in kaltem Wasser genug Futter finden. Dort vermehren sich die kleinen Krebse, von denen die Wale hauptsächlich leben. Durch ihre Speckschicht frieren die Wale nicht, wenn sie sich den Sommer über im kalten Wasser in der Nähe von Nord- oder Südpol aufhalten. Aber ihre Kälber können sie dort nicht zur Welt bringen. Da die kleinen Wale zu Anfang noch keine Speckschicht haben, könnten sie in so kaltem Wasser nicht überleben. Also schwimmen ihre Mütter vor der Geburt in wärmeres Wasser. Dass es dort nichts zu fressen gibt, macht den Kälbern nichts aus: Sie trinken nur Muttermilch. In Ruhe können sie heranwachsen und sich ein dickes Fettpolster zulegen. Und es gibt dort auch weniger Schwertwale, die ihnen gefährlich werden könnten.

Ein halbes Jahr später begleiten die jungen Wale ihre Familie dann auf ihrer großen Reise zum Süd- oder Nordpol.

Buckelwale und Grauwale wandern jedes Jahr zweimal Tausende von Kilometern.

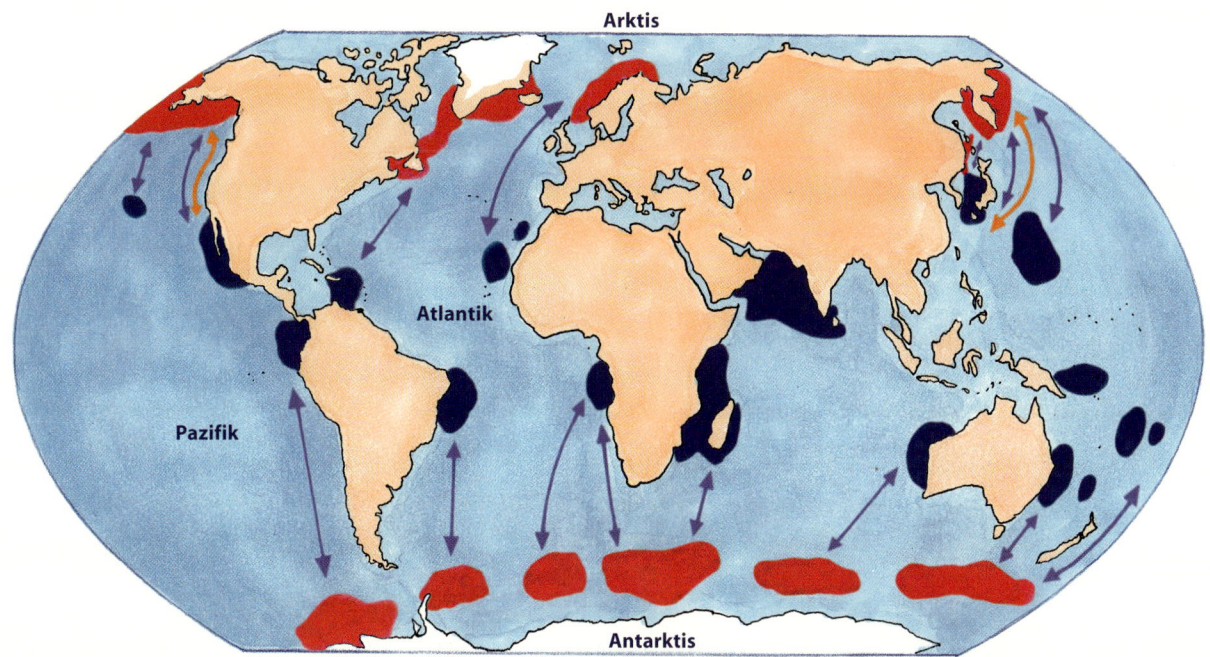

Arktis

Atlantik

Pazifik

Antarktis

🟥 **Hier fressen die Wale.**

⬛ **Hier bringen sie ihre Jungen zur Welt.**

Wanderweg des Grauwals

Wanderweg des Buckelwals

Warum stranden Wale und Delfine manchmal?

Wenn Wale und Delfine auf den Strand schwimmen, nennt man das Stranden. Das ist für sie sehr gefährlich, denn an Land können sie nicht lange überleben. Und aus eigener Kraft kommen sie nicht ins Meer zurück. Wenn ein Wal oder Delfin strandet, dann sehr oft deshalb, weil er krank oder sehr alt ist.

Dann fällt ihm das Schwimmen schwer, und wenn er in der Nähe einer Küste ist, dann tragen ihn Wellen und Meeresströmungen an den Strand.

Manchmal stranden aber auch ganze Gruppen gesunder Tiere. Forscher haben einige Vermutungen, woran das liegt:

1. Bestimmte Arten von Walen und Delfinen stranden besonders oft, zum Beispiel Grindwale, Kleine Schwertwale und Pottwale. Sie alle leben im tiefen Wasser. An der Küste kennen sie sich nicht so gut aus. Wahrscheinlich schlagen sie dort manchmal die falsche Richtung ein, geraten ins flache Wasser und finden nicht wieder zurück. Wenn das Wasser bei Ebbe verschwindet, liegen sie hilflos auf dem Strand.

Eine Gruppe Kleiner Schwertwale ist bei Ebbe gestrandet. An Land können sie zwar atmen, aber ihre Haut ist der Sonne schutzlos ausgesetzt und trocknet aus. Zum Glück haben die beiden Kinder sie bemerkt und rufen Hilfe.

Wenn gestrandete Wale entdeckt werden, kommen oft Hunderte von Helfern und versuchen, sie so vorsichtig und schnell wie möglich ins Wasser zurückzubringen.

Die Helfer decken di
mit feuchten Tücher
die Tiere bei Flut so
Meer zur

Das ist ein Kompass, wie wir ihn benutzen. Die Metallnadel in seiner Mitte zeigt immer zum Nordpol und Südpol der Erde.

2 Forscher vermuten, dass Wale sich auch durch eine Art Kompass im Kopf orientieren. Die Wale spüren also, in welche Richtung sie schwimmen. Aber das klappt nicht immer. In manchen Gegenden funktionieren auch unsere Kompasse nicht richtig. Zum Beispiel, weil dort besondere Gesteine im Boden sind, die die Nadel in eine andere Richtung lenken. An solchen Küsten findet man oft Gruppen gestrandeter Delfine.

3 Es gibt neu erfundene Sonargeräte, die unter Wasser sehr starke Geräusche aussenden. Auch bei der Suche nach Ölquellen entsteht unter Wasser starker Lärm. Das ist für Wale und Delfine, die alle ein empfindliches Gehör haben, sehr schlimm und führt manchmal dazu, dass sie stranden. Deshalb versuchen Umweltschützer, diese Geräte verbieten zu lassen.

Ist erst mal eines der Tiere versehentlich auf dem Strand gelandet – obwohl es gesund ist –, ruft es mit einem schrillen Ton um Hilfe. Die anderen Mitglieder der Gruppe versuchen, ihm zu helfen, und stranden dadurch ebenfalls.

Wofür braucht ein Delfin seine Rückenflosse?

Stellt euch vor, Delfine hätten keine Flossen außer der am Schwanz. Dann könnten sie sich zwar fortbewegen, aber sie würden in einem wilden Zickzack schwimmen.

Ihre Brustflossen brauchen Delfine zum Steuern. Sie können sie ähnlich bewegen wie wir unsere Arme. Wenn ihr euch die Knochen in diesen Flossen anschaut, dann seht ihr, dass sie ähnlich aussehen wie die Knochen einer großen Hand. Das liegt daran, dass die Vorfahren der Delfine noch Vorderpfoten hatten. Im Laufe der Jahrmillionen wurden diese Körperteile zu Flossen, aber die Knochen erinnern noch an frühere Zeiten.

Die unbewegliche Rückenflosse verhindert, dass die Tiere beim schnellen Schwimmen hin- und herkippen. Durch diese Flosse können sie also leichter die Richtung halten. Unbedingt nötig scheint die Rückenflosse aber nicht zu sein, denn es gibt auch ein paar Wal- und Delfinarten, die keine haben.

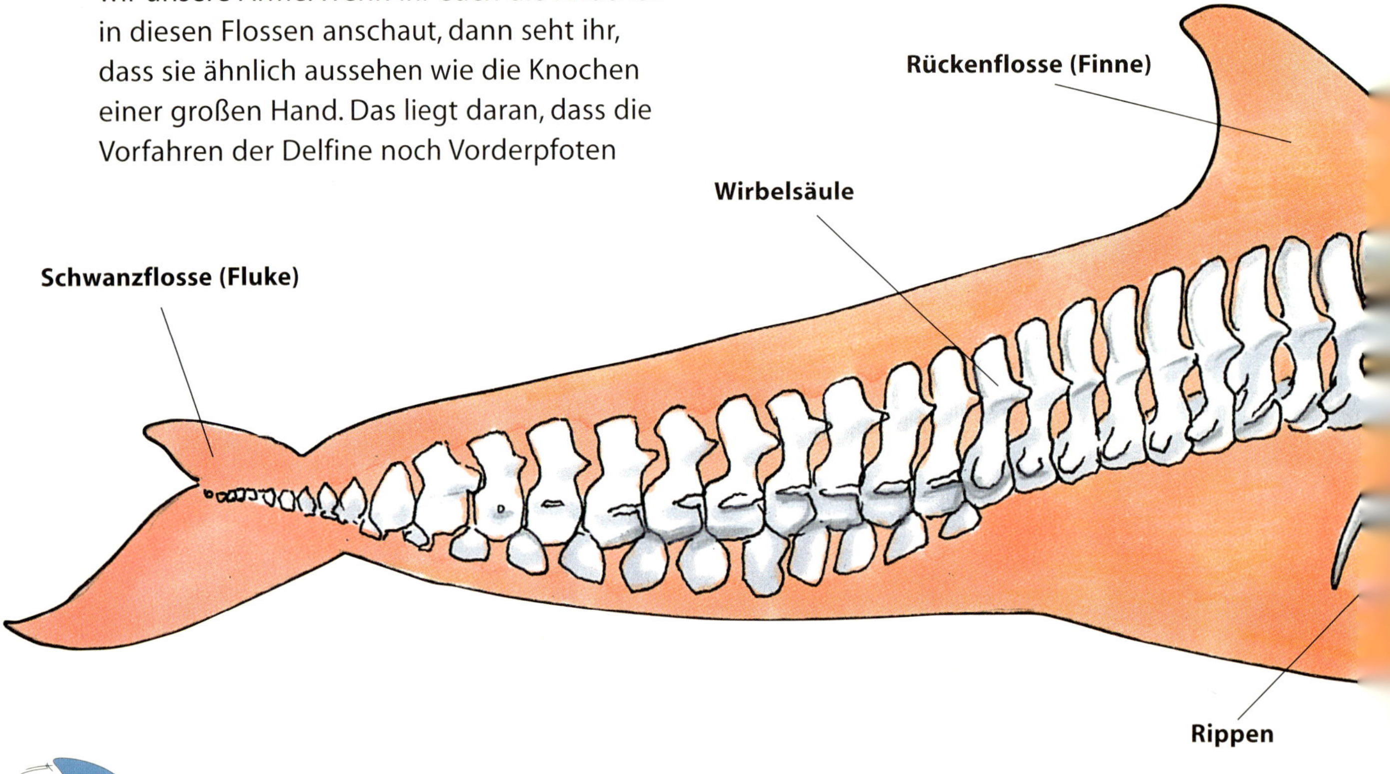

Rückenflosse (Finne)

Wirbelsäule

Schwanzflosse (Fluke)

Rippen

Zum Beispiel die Weißwale, die im eisigen
Wasser der Arktis leben. Weißwale halten
sich am liebsten im flachen Wasser auf. Sie
schwimmen langsam, und drehen und wen-
den sich viel. Wahrscheinlich würde eine
Rückenflosse dabei nur stören. Außerdem
hat die Rückenflosse keine Speckschicht, die
Tiere würden darüber also nur Wärme ver-
lieren.

Blauwal

Weißwal

Die meisten großen Wale haben Rückenflos-
sen, aber ganz winzige. Vielleicht werden sie
in ein paar Millionen Jahren verschwunden
sein. Denn wie alle Tierarten entwickeln sich
auch Wale und Delfine ständig weiter und
passen sich immer besser an die Welt an, in
der sie leben.

Schon jetzt ist der Körper eines Delfins per-
fekt geeignet für das Leben im Meer. Zum
Beispiel hat er nicht wie wir einen runden
Kopf mit Haaren und hervorstehenden Ohren. Sein Körper ist überall glatt und abge-
rundet, damit er leicht durchs Wasser gleiten
kann. Außer den Flossen, die er zum Steuern
braucht, ragt nichts heraus.

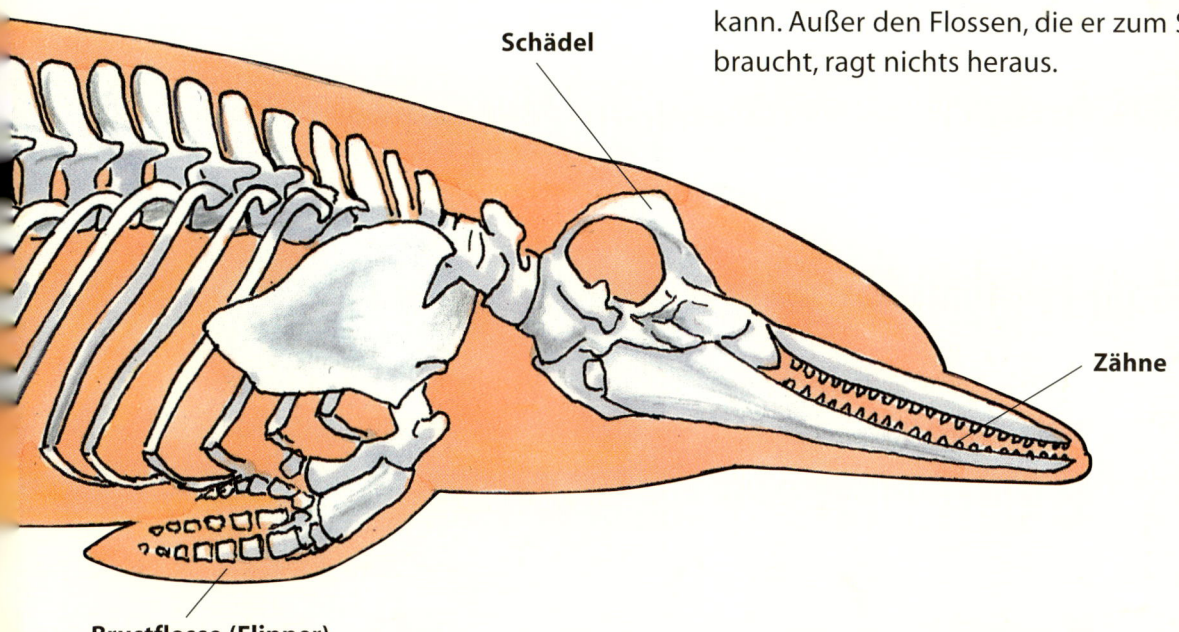

Schädel

Zähne

Brustflosse (Flipper)

Warum singen Wale?

Alle Wale können Töne von sich geben, doch die berühmtesten Sänger sind die Buckelwale. Jedes Jahr im Winter versammeln sich Tausende von ihnen in warmen Meeren, um sich Partner zu suchen. Nur in dieser Zeit singen die Walmännchen ihre Lieder. Die Weibchen singen nicht. Deswegen vermuten Forscher, dass der Gesang der Männchen ähnlich wie bei den Vögeln dazu dient, Weibchen zu beeindrucken und anzulocken.

Wahrscheinlich hat derjenige, der am schönsten oder am lautesten singt, die besten Chancen bei den Weibchen. Anderen Männchen sollen die Töne vermutlich sagen: »Das ist mein Gebiet, halt dich hier raus!«

Der Gesang der Wale klingt allerdings ganz anders als der von Vögeln. Buckelwale zwitschern und trillern nicht, ihre Laute klingen eher wie Grunzen und lang gezogenes Stöhnen. Trotzdem nennt man diese Töne Gesang, weil der Wal nicht einfach irgendwelche Geräusche macht, sondern sie in einer ganz komplizierten Reihenfolge wiederholt. Dadurch werden sie zu einer Art Lied, das zehn bis zwanzig Minuten lang ist. Stundenlang wiederholt der Wal dieses Lied.

Alle Buckelwalmännchen in einer Gegend – zum Beispiel in Hawaii oder Australien – singen das gleiche Lied. Es verändert sich jedes Jahr ein wenig. Wie sich die Wale darauf einigen, ist noch ein Geheimnis.

Die lautesten Geräusche kann übrigens der Blauwal machen. Er stößt sehr tiefe Töne aus, die unter Wasser lauter sind als ein startendes Düsenflugzeug in der Luft. Damit ist er das lauteste Tier der Welt. Wahrscheinlich hören selbst Wale, die tausend Kilometer entfernt sind, diese Rufe. Nur wir bemerken sie nicht, denn so tiefe Töne können wir nicht hören.

Zwei Blauwale können sich vermutlich quer über den Atlantischen Ozean hinweg verständigen.

Lange dachten die Forscher, dass Wale stumm sind. Nur durch Zufall entdeckte man, dass das nicht stimmt. Als das Militär in den 1950er-Jahren Aufnahmen unter Wasser machte, staunten die Soldaten über die eigenartigen Geräusche. Später wurde klar, dass sie von Walen stammen mussten.

Wie unterhalten sich Delfine?

Als Taucher kann man schon von Weitem hören, wenn Delfine sich nähern. Dann hallt ein hohes Pfeifen, Klicken, Trillern und Schnalzen durchs Wasser. So klingt es, wenn Delfine sich austauschen – und sie unterhalten sich fast ständig, während sie gemeinsam umherschwimmen.

Forscher haben herausgefunden, dass von diesen vielen Geräuschen besonders die Pfiffe wichtig sind. Manche Pfeiftöne sind so hoch, dass wir sie gar nicht hören können.

Die meisten Wale und Delfine leben in Gruppen – so wie diese Schwertwale.

Mit den Pfiffen scheinen sich Delfine mitzuteilen, wie es ihnen geht und was sie beobachten. Sie tauschen sich auch aus, wenn sie gemeinsam jagen, damit jeder weiß, was seine Aufgabe ist. Leider verstehen wir noch nicht, was sie sagen.

Delfine verständigen sich aber nicht nur durch Töne, sondern auch durch die Art, wie sie sich bewegen. Da sie ähnlich wie wir eine empfindliche Haut haben, berühren sie sich auch oft und teilen sich dadurch etwas mit. Vergleichen wir mal Hunde und Delfine:

Wenn zwei Hunde wütend aufeinander sind, dann stehen sie sich knurrend und mit gesträubten Nackenhaaren gegenüber.

Jeder Delfin hat einen eigenen Pfiff, der so etwas wie sein Name ist. Andere Delfine kennen diesen Pfiff und benutzen ihn, wenn sie diesen Delfin zu sich rufen oder ihm etwas sagen wollen.

Wenn zwei Hunde sich mögen, begrüßen sie sich mit einem Schwanzwedeln und toben miteinander herum.

Ein gereizter Delfin schwimmt mit drohend geöffnetem Maul auf den anderen Delfin zu. Er tut so, als wolle er den anderen rammen, und stoppt erst ganz kurz vorher ab. Wenn zwei Männchen sich streiten, klappen sie dabei laut das Maul zu, sodass man ein knallendes Geräusch hört.

Wenn sich zwei Delfine mögen, dann schwimmen sie Seite an Seite und berühren sich mit den Flossen. Oft springen oder atmen sie auch gleichzeitig.

Warum können Delfine so hoch springen?

Delfine haben am hinteren Teil ihres Körpers sehr starke Muskeln, die ihre Schwanzflosse auf und ab bewegen. Mit ihrer Hilfe können sie nicht nur mühelos neben einem schnell fahrenden Schiff herschwimmen, sondern auch sehr hoch springen. Bis zu sieben Meter hoch schafft es der Große Tümmler. Das ist so hoch wie bis zum zweiten Stockwerk eines Hauses.

Auch große Wale (hier ein Buckelwal) springen manchmal.

Für so einen Sprung muss der Delfin unter Wasser Anlauf nehmen. Er jagt los, indem er blitzschnell mit seiner Schwanzflosse auf und ab schlägt. Wenn er schnell genug ist, richtet er plötzlich den Körper auf, sodass die Schnauze nach oben zeigt, und schießt aus dem Wasser wie eine Rakete.

Manchmal springen Delfine einfach zum Spaß. So wie auch ihr gerne herumtobt. Oft tun sie es aber auch, um Ausschau zu halten. Sie hüpfen hoch aus dem Wasser und prüfen dabei, ob irgendetwas Interessantes in Sicht ist – zum Beispiel Möwen, die sich gerade über einen Schwarm Fische hermachen.

Wenn die Delfine so etwas bemerken, flitzen sie natürlich hin, um sich auch ein paar Leckerbissen zu schnappen. Beim Fischschwarm angekommen, springen sie wieder: diesmal, um die Fische zusammenzutreiben.

Denn das laute Klatschen, mit dem sich ein Delfin ins Wasser zurückfallen lässt, erschreckt die Fische. Sie drängen sich zueinander und sind dadurch für den Delfin leichter zu erwischen.

Für andere Delfine ist das Klatschen noch weit entfernt zu hören. Deshalb vermuten Forscher, dass Delfine sich durch die Sprünge gegenseitig etwas mitteilen. Zum Beispiel: »Achtung, seid vorsichtig!« oder »Ich brauche Hilfe bei der Jagd.«

Schwarzdelfine können besonders gut springen und sogar Saltos schlagen.

Warum werden Wale gejagt?

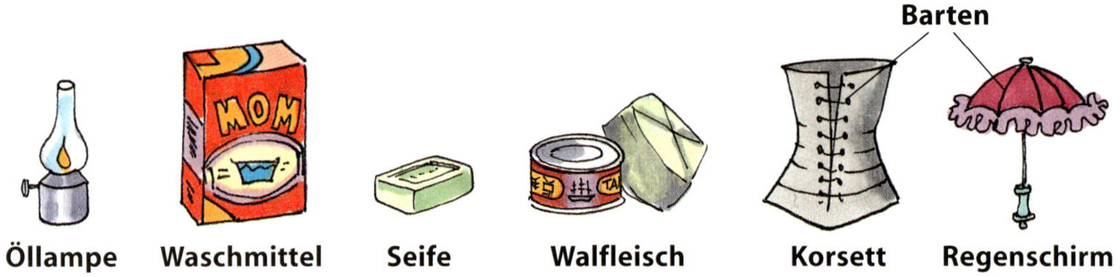

Barten

 Öllampe

 Waschmittel

Seife

Walfleisch

Korsett

Regenschirm

Schon seit Tausenden von Jahren werden Wale gejagt, vor allem wegen ihrer Speckschicht. Daraus machte man früher Öl, das zum Beispiel als Brennstoff für Lampen diente. Aus dem Öl stellte man auch Seife und Waschmittel her.

Aber auch die Barten waren wertvoll. Daraus machte man verschiedene Dinge, zum Beispiel Regenschirme oder Korsetts, eine altmodische Form der Damenunterwäsche.

In manchen Ländern wurden das Fleisch und der Speck der Wale gegessen, zum Beispiel in Japan und Norwegen. Noch heute kommt in Japan gelegentlich Walfleisch auf den Teller. Auch manche Indianer- und Inuit-Stämme jagen bis heute Wale, um sie zu essen.

So wurden noch vor 200 Jahren Wale gejagt.

Zuerst jagten die Menschen den Walen mit Segelschiffen und Ruderbooten nach. Hatten die Jäger einen Wal gesichtet, versuchten sie, ihn einzuholen und mit Harpunen zu treffen. Das sind lange Speere mit einem Seil daran.

Richtig gefährlich wurde es für die Wale, als zwei Dinge erfunden wurden:

1. Motorschiffe, die auch schnell schwimmende Wale einholen konnten.

2. Harpunen, die mit einer Art Kanone abgeschossen werden konnten.

Jetzt konnten die Jäger so viele Wale töten, dass manche Arten wie der Blauwal oder der Grönlandwal um ein Haar ausgestorben wären. Zum Glück wurde das Fangen von Walen im Jahr 1986 erst mal verboten. Ein Problem ist aber, dass sich manche Länder wie Japan und Norwegen nicht ganz an das Verbot halten.

Inzwischen sind viele Menschen dagegen, Wale zu töten. Viel lieber fahren sie mit dem Boot hinaus, um frei lebende Wale und Delfine im Meer zu beobachten. Das nennt man Whale watching.

Solange die Menschen an der Küste mit solchen Bootstouren Geld verdienen können, helfen sie bereitwilliger mit, die Wale zu schützen. Wichtig ist aber, dass die Boote nicht zu nah an die Tiere heranfahren, sonst fühlen sich die Wale gestört.

Wie wird man Delfintrainer?

Um das herauszufinden, sind wir in den Zoo Nürnberg gegangen. Dort leben acht Delfine und fünf Seelöwen, um die sich vier Trainer und Trainerinnen kümmern. Sie haben eine Ausbildung als Zootierpfleger gemacht.

Nach ihrer Ausbildung haben sie von erfahrenen Trainern noch vieles gelernt. Zum Beispiel, wie man Fische als Futter für die Delfine vorbereitet, oder wie man prüft, ob das Wasser im Becken auch richtig sauber ist.

Mit den Delfinen Vorführungen zu machen, gehört zum Alltag eines Delfintrainers. Anschauen könnt ihr euch das zum Beispiel in den Zoos Nürnberg, Duisburg und Münster sowie in einem Freizeitpark in der Schweiz.

Nicht in allen Zoos und Freizeitparks geht es Delfinen gut. Oft müssen sie in zu kleinen Becken leben oder werden falsch gepflegt, sodass sie krank werden. Deswegen sind manche Menschen dagegen, überhaupt Delfine in Gefangenschaft zu halten.

Und natürlich, wie man den Tieren neue Kunststücke beibringt. Denn die Delfine sollen den Besuchern ein paarmal am Tag zeigen, was sie können. Davon haben alle was – nicht nur die Besucher, sondern auch die Delfine. Wenn die Tiere den ganzen Tag untätig in ihrem Becken herumlungern müssten, würden sie krank werden.

Einem Delfin ein neues Kunststück beizubringen, dauert manchmal nur eine Woche, bei schwierigen Sprüngen aber bis zu eineinhalb Jahre. Es funktioniert so: Wenn die Trainerin zum Beispiel will, dass Delfin Noah auf Kommando quiekt, dann wartet sie erst mal, bis Noah ganz von selbst quiekt. Im gleichen Moment pfeift die Trainerin auf ihrer

Trillerpfeife. Das ist für ihn das Signal: »Das hast du gut gemacht!« Außerdem bekommt er einen Fisch als Belohnung. Wahrscheinlich wird Noah jetzt noch einen Fisch haben wollen und sich fragen, was er denn eben richtig gemacht hat. Wenn er dabei probiert, noch einmal zu quieken, pfeift seine Trainerin wieder und lobt ihn.

Schon bald hat Noah kapiert, was sie von ihm will. Jetzt bringt die Trainerin Noah bei, dass er nur quieken soll, wenn sie ihm ein bestimmtes Handzeichen gibt. Dieses Zeichen gibt sie dann ein paar Tage später in der Vorstellung – und die Besucher freuen sich darüber, dass Noah ihnen etwas vorsingt!

Mauslexikon

Barten: Dünne Hornplatten im Maul vieler großer Wale. Sie bestehen aus dem gleichen Material wie eure Fingernägel. Weil Wale sehr viele Barten haben und sie dicht aneinanderliegen, wirken sie zusammen wie ein Sieb.

Bartenwale: Wale, die keine Zähne, sondern Barten im Maul haben. Sie fressen vor allem Kleinkrebse, aber auch kleine Fische.

Blas: So nennt man den Atemstrahl eines Wals. Er sieht bei jeder Walart anders aus. Beim Blauwal ist er bis zu zehn Meter hoch und länglich. Der Blas eines Grönlandwals hat eine runde Form. Weil die Nase beim Pottwal nicht in der Mitte des Kopfes liegt, geht sein Blas schräg zur Seite.

Blasloch: Nasenloch, das Wale und Delfine an der Oberseite des Kopfes haben. Die Tiere atmen nur durch das Blasloch, nicht durch den Mund.

Blubber: Speckschicht eines Wals oder Delfins, die ihn vor Kälte schützt. Das Wort kommt nicht von »blubbern«, sondern ist einfach die englische Bezeichnung für Walspeck, die wir auch auf Deutsch benutzen.

Blutkörperchen, rote: Winzige Teilchen im Blut, die Sauerstoff zu den Muskeln und Organen befördern.

Delfintherapie: Behandlung von schwerkranken Kindern und Erwachsenen mit Hilfe von zahmen Delfinen.

Ebbe: So nennt man es, wenn das Meerwasser sich zurückzieht und der Strand auf einmal viel größer wirkt. Das Gegenteil davon ist Flut.

Echo-Ortung: Besonderer Sinn der Zahnwale und Fledermäuse. Durch ihn können die Tiere mit Hilfe von Echos auch im Dunkeln erkennen, was um sie herum geschieht.

Gehör: So nennt man die Körperteile, die dem Hören dienen.

Harpune: Waffe für die Waljagd. Harpunen sind lange Eisenspeere mit verschieden geformten Spitzen und einem Seil am hinteren Ende. Das Seil bleibt am Schiff befestigt.

Kompass: Gerät, mit dem man die Himmelsrichtung herausfinden kann.

Kot: Das, was vom Essen übrig bleibt, wenn es durch den Körper hindurchgegangen ist. Sieht beim Menschen aus wie eine braune Wurst, bei Walen und Delfinen wie eine Wolke im Wasser.

Krill: Kleine rosafarbene Krebstiere. Im Sommer finden sie in sehr kalten Meeren so viele winzige Pflanzen zu fressen, dass sie sich unheimlich schnell vermehren und in riesigen Schwärmen leben.

Melone: In diesem Fall kein Obst, sondern ein rundes Organ aus Fett, das in der Stirn von Delfinen sitzt. Diese Melone spielt eine wichtige Rolle bei der Echo-Ortung.

Nabelschnur: Babys werden im Bauch ihrer Mutter über die Nabelschnur versorgt. Deshalb brauchen sie dort drinnen nichts zu essen und zu trinken.

Organ: Körperteil, das eine bestimmte Aufgabe erfüllt. Herz, Leber und Lunge sind Organe.

Sauerstoff: Gas, das alle Menschen und Tiere auf der Erde zum Leben brauchen. Wir nehmen es in uns auf, indem wir atmen. Luft enthält zu einem Fünftel Sauerstoff.

Säugetier: Tier, das einen immer gleich warmen Körper hat und mit Lungen Luft atmet. Der Name kommt daher, dass Säugetiere ihre Jungen säugen, sie also mit ihrer eigenen Milch nähren. Zu den Säugetieren zählen zum Beispiel Kaninchen, Hunde, Affen, Menschen und auch die Wale.

Schallwellen: Geräusche bestehen aus Schallwellen. Sie können sich durch Luft, Flüssigkeiten oder feste Stoffe fortbewegen. Wenn sie euer Ohr treffen, hört ihr etwas.

Schnorchel: Längliches Rohr, durch das man atmen kann, während man den Kopf unter Wasser hat. Darf höchstens 40 Zentimeter lang sein, sonst bekommt man nicht genügend Frischluft!

Schwarm: Große Ansammlung von Fischen oder anderen Meerestieren einer Art. Fische leben in Schwärmen, weil sie sich in der Gruppe leichter vor Feinden schützen können.

Sinnesorgan: Augen, Ohren und Nase sind Sinnesorgane. Es sind also Körperteile, mit denen man mehr über seine Umgebung herausfinden kann.

Sonargerät: Eine Maschine, die Töne aussendet und aus den Echos ein Bild der Umgebung macht. Sonargeräte funktionieren also ähnlich wie die Echo-Ortung der Delfine.

Thermometer: Ein Thermometer misst, wie warm oder kalt es ist. In Europa wird die Temperatur in Grad Celsius gemessen.

Whale watching: Bootsfahrt zum Beobachten von Walen. Wird »Wäil wotsching« ausgesprochen und heißt wörtlich »Wale gucken«.

Zahnwale: Im Gegensatz zu den Bartenwalen tragen sie Zähne in den Kiefern.

Register

Die große Sachbuchreihe mit der Maus!

Frag doch mal ... die Maus!
Ritter und Burgen
ISBN 978-3-570-13145-9

Frag doch mal ... die Maus!
Unser Wald
ISBN 978-3-570-13146-6

Frag doch mal ... die Maus!
Autos
ISBN 978-3-570-13147-3

Frag doch mal ... die Maus!
Zeitreise
ISBN 978-3-570-13148-0

Frag doch mal ... die Maus!
Dinosaurier
ISBN 978-3-570-13149-7

Frag doch mal ... die Maus!
Flugzeuge
ISBN 978-3-570-13150-3

Frag doch mal ... die Maus!
Meere und Ozeane
ISBN 978-3-570-13151-0

Frag doch mal ... die Maus!
Mein Körper
ISBN 978-3-570-13152-7

Frag doch mal ... die Maus!
Pferde
ISBN 978-3-570-13153-4

Frag doch mal ... die Maus!
Fußball
ISBN 978-3-570-13404-7

Frag doch mal ... die Maus!
Weltall
ISBN 978-3-570-13155-8

Frag doch mal ... die Maus!
Indianer
ISBN 978-3-570-13402-3

Frag doch mal ... die Maus!
Wale und Delfine
ISBN 978-3-570-13156-5

8004/13

cbj

www.cbj-verlag.de/diemaus